戴高乐

描写戴高乐传奇的一生
人民尊称他为"戴高乐将军"

★★★★★★★★★★★★★★★★★★★★★

◎胡元斌／编著

团结出版社
UNITY PRESS

图书在版编目（CIP）数据

　　戴高乐 / 胡元斌编著. -- 北京：团结出版社，
2016.2（2022.11重印）
　　ISBN 978-7-5126-3951-5

　　Ⅰ.①戴… Ⅱ.①胡… Ⅲ.①戴高乐，C.A.J.M.（
1890～1970）—传记 Ⅳ.①K835.657=5

　　中国版本图书馆CIP数据核字(2016)第021146号

出　　版：团结出版社
　　　　　（北京市东城区东皇城根南街84号　邮编：100006）
电　　话：（010）65228880　　65244790（出版社）
　　　　　（010）65238766　　85113874　　65133603（发行部）
　　　　　（010）65133603（邮购）
网　　址：http://www.tjpress.com
E-mail：zb65244790@163.com（出版社）
　　　　　fx65133603@163.com（发行部邮购）
经　　销：全国新华书店
印　　刷：三河市华晨印务有限公司

开　　本：650毫米×920毫米　　16开
印　　张：22
字　　数：348千字
版　　次：2016年2月　第1版
印　　次：2022年11月　第4次印刷

书　　号：978-7-5126-3951-5
定　　价：68.00元

前　言

　　那是童年时代的夏夜，我和小伙伴们时常躺在家乡的草坪上，仰望着美丽的星空。那闪闪烁烁的星星，有的明亮，有的灰暗，但都眨眼眨眼地看着我们。偶尔还能看见一颗颗流星划过，无影无踪地消逝在天边的夜色里。大人们说流星会带来灾难，使我们感到了害怕。小小的星星，带给我们童年多少思考与多少幻想啊！

　　随着我们渐渐长大，也看清了人类历史的天空，那是群星闪烁，星光灿烂，使我们感到人间的美好和光明。当然也有流星划过，果真给人类带来了不小罪恶和灾祸。真可谓，浩浩历史千百载，滚滚红尘万古名，英雄流芳百世，狗熊遗臭万年。这就是丰富多彩的人类社会啊！

　　在我们人类历史进程中，涌现了许多可歌可泣、光芒万丈的英雄人物，他们用巨擘的手、挥毫的笔、超人的智慧、卓越的才能，力挽狂澜，救万民于水火之中，书写着世界，推动着历史，描绘着未来，不断创造着人类历史的崭新篇章，不断推动着人类文明的飞速发展，为我们留下了许多宝贵的精神财富。

　　同时也出现了许多乱世恶魔，他们是人间的虎豹豺狼和亡命暴徒，唯恐天下不乱，制造着人间灾难，践踏着人类文明。他们顺我者生，逆我者亡，以一己之私心而放之四海，以一人之狂妄而加之全球，简直野心勃勃，横行于世，然而最终避免不了失败的命运，成了人类的跳梁小丑，落得成了人间的笑柄。

　　那么，是什么原因使有人成了人间英雄，却使有人成了人间恶魔呢？这是不得不思考的深刻问题。只有清楚了这些问题，才能让英雄辈出，让恶魔永远消失，才能更加体现我们人类社会的高度智慧和文明。

为此，我们根据国内外的最新资料和研究，特别编撰了这套《世界巨人传》。有针对性地精选了世界近现代著名的具有雄才伟略的政治家，他们是拿破仑、华盛顿、林肯、罗斯福、丘吉尔、戴高乐、撒切尔夫人。同时精选了叱咤风云的军事家，他们是艾森豪威尔、蒙哥马利、朱可夫、巴顿、布莱德雷、麦克阿瑟、马歇尔。还精选了世界近现代的臭名昭著的枭雄悍将，他们是希特勒、墨索里尼、东条英机、曼施坦因、古德里安、隆美尔、山本五十六、川岛芳子。

我们精选编撰这些世界巨人的传记，主要以他们的成长历程和人生发展为线索，尽量避免冗长的说教性叙述，而是采用日常生活中丰富的小故事来表现他们的人生道理，尤其着重表现他们所处时代的生活特征和他们人生追求的完整过程，以便引起我们读者的深深思考。

同时，值此中国人民抗日战争暨世界反法西斯战争胜利70周年之际，我们主要精选编撰了"二战"时期的世界著名巨人的传记，相信具有特别的深刻意义。广大读者阅读这些"二战"巨人传，能够加深对"二战"有关人物命运与世界和平等问题的思考，能够起到铭记历史、警示后人的重大现实和历史意义。

第二次世界大战是人类社会有史以来规模最大、伤亡最惨重、造成破坏最大的全球性战争，也是关系人类命运的大决战。这场由德、意、日法西斯国家纳粹分子发动的罪恶战争席卷全球，世界当时人口总数的80%约20亿人口受到波及。

通过全世界广大人民的艰苦奋斗，特别是通过代表对垒双方巨人斗智斗勇的较量，终于正义战胜了邪恶、和平战胜了灾难，人类迎来了新的希望。在这场人类命运终极大较量中，人类的高超智慧和巨大力量，简直表现得淋漓尽致。特别又是集中体现在对垒双方代表的巨人身上，那更是智慧和力量的化身。因此，我们广大读者阅读这些世界巨人的传记，一定能够获得智慧的神奇力量。

目 录

第一章 早年锋芒

意志是国家的主要动力，对自己能够用意志铸造历史的能力，是要有高度信心的。

——戴高乐

兴致高昂的少年

1890年11月22日，夏尔·安德烈·约瑟夫·马里·戴高乐，出生于法国北部里尔市的一个小贵族之家。他的父亲亨利·戴高乐为纪念自己早逝的哥哥，给自己心爱的二儿子取了他大伯父的名字，叫夏尔·戴高乐。

少年戴高乐最引人注目的是个儿高和异于常人的大鼻子。有人说他的大鼻子像哥特式的支柱一样坚固。

戴高乐非常喜爱玩打仗游戏。但由于他从小爱打斗，常常受到父亲的责骂。

有一次，自封为"总司令"的小戴高乐派小弟弟皮埃尔扮成"特务"去送"情报"。并指示他：如果被"敌人"抓获，就必须把"情报"吞掉，以免泄露"军事"机密。

皮埃尔在半路上被"敌人"抓获了，他想：这不过是玩游戏而已，何必吞下一张纸呢？于是，他把哥哥的吩咐抛在了脑后，结果"情报"落入"敌人"手中。

戴高乐知道后很生气，打了皮埃尔一巴掌。皮埃尔号啕大哭地跑回了家。

妈妈问他出了什么事，皮埃尔说："夏尔打我了！"妈妈追问根由，皮埃尔说："我们玩打仗，我装特务，送情报时被抓住了。我没有执行司令官的命令。"

"哪个司令官？"

"就是夏尔！"弟弟说，"我没有把情报吞掉，我把情报交给敌人了。夏尔把我痛打了一顿！"

妈妈责骂戴高乐说："夏尔，他是你弟弟，你怎么能打他呢？"

戴高乐底气十足地说："如果在战场上也这样不听指挥，不保护情报，那么就会打败仗，就要死很多人！"他认真的口气，惹得母亲哭笑不得。

普法战争后，法国男孩们玩打仗游戏总是分成法国和德国两方，只要做这个游戏，戴高乐就永远是"法国国王"。

有一次，也是玩打仗，哥哥格札维埃因为一直装扮反面的"德国皇帝"而感到腻烦了，想换着当一回"法国国王"。

但是小戴高乐坚决不答应，他生气地连连顿足，高声叫喊道："不行！不行！法国是我的！"

结果自然又是小戴高乐当国王。其实，小戴高乐自己当时也

▲戴高乐幼年

没意识到，他激动时不假思索喊出来的这句话，预示了他一生的追求！

童年的戴高乐就是这样把他的抱负和志向融合到游戏之中，为了心爱的法兰西，他把自己放在了领袖的位置。而且在他幼小的心灵中，只有他才配当法兰西的领袖。对于伟大的法兰西，戴高乐兴致高昂，而这种激情将伴随他一生。

就像一座火山的爆发必然有一个能量蓄积的过程一样，一位伟人向世界展示他的伟大之前，也必有一个漫长的、甚至是几代人的准备过程。

在戴高乐最亲的长辈中，祖父朱利安·菲利浦·戴高乐是个史学家，著有《巴黎及其近郊新史》一书。

小戴高乐的大伯父，那位他直接继承了其名字的夏尔·戴高乐，则对小戴高乐的影响更加奇妙。大伯父曾在一首诗里写道：

在每一个遭到偷袭的军营里，

每个人都在与敌人激战。

他们是不问举起军旗发出第一声集合令的人的军衔高低的。

这几句小诗,很明确地预示了或者不如说是促成了这样一个事实,那就是他的侄子戴高乐于五十年后,以准将军衔向全国发出了著名的"六·一八"反侵略号召。

在戴高乐的父亲亨利22岁时,法国正面临着普法战争的失败。年轻的亨利加入了志愿者的队伍,并获得了一枚被他的二儿子视若珍宝的勋章。恢复和平以后,由于生活所迫,亨利不得不从事教书生涯。亨利是一位知识渊博并有道德信仰的人。他没有古怪的嗜好,他爱上帝、爱祖国、爱青年,坚定地把上帝和国王的思想浇注到青年一代人的心里。

亨利神情严肃,长着一双象牙一般的手,常常创作出希腊哀歌。在政治观点上,他称自己是"一位悔恨的君主主义者"。

正是这样一位父亲,一到星期四下午,常带着妻子和五个儿女去拿破仑墓或凯旋门前静默志哀;到了星期天,他就带着他们去当年他曾战斗过并且负过伤的凡尔赛或斯坦战场。亨利在现场现身说法,常常让戴高乐激情满怀。戴高乐进小学读书时还不到5岁。在他6年级时,父亲把他送进奥吉拉耳教会学校,那里的教学质量很高,父亲又在学校里任学监。

在学校里,戴高乐对《圣经》、希腊语、拉丁语、数学等课

程不感兴趣，学起来没有上进心，成绩也不好。他最热衷的是把单词倒过来背，直至倒背如流，把同学们弄得瞠目结舌。原来他是有意锻炼自己的记忆力呢！

各种体育竞技活动也受到戴高乐的喜爱：他在滑冰赛场上，仗着有两条长腿的优势，像离弦的箭一样冲在前面。同时也是一个很不错的足球后卫，竞技场上的戴高乐从不服输，常为赢得同学们的喝彩声而洋洋自得。精力旺盛的戴高乐对什么事都好奇，都想试一试。1903年的一天，学校要学生排演一出历史剧，其中有法国国王的角色，这可正合戴高乐的心意。他自告奋勇扮演了法国国王。在舞台上，戴高乐头戴王冠，衣服上挂着漂亮的三色旗，神气十足地坐在宝座上训斥他的臣子们，还真有股神圣不可侵犯的劲儿。虽然是在舞台上，但又一次让他过了一回当国王的瘾。为了能使住在拥挤喧闹的巴黎的一家人散散心，父亲亨利·戴高乐在多尔多涅河畔买下了一处朴素但不失大方的房产，取名为"鲁瓦尔河别墅"。全家人常到那里去度假。

每到暑假，戴高乐五兄妹就在鲁瓦尔河别墅附近的大海里游泳嬉戏。表兄妹们有时也来到这里，和大家一起玩耍。他们在金色的沙滩上躺成一大溜作日光浴。"咱们打球吧！"戴高乐一声召唤，大家立即从沙滩上跳起来，兴高采烈地玩了起来。全家人和亲戚们有时在沙滩上玩拔河，或者别的游戏。但不管是做什么游戏，戴高乐总是要充任指挥。

文学和历史的熏陶

戴高乐家族"祖传"的对文学和历史的兴趣，熏陶和培养了戴高乐的兴趣和才能。正是家庭的传统氛围，对戴高乐人格的形成起了积极的作用。

如果说戴高乐的祖父朱利安·菲利浦·戴高乐作为文人和学者代表资产阶级文人，那么戴高乐的祖母若折菲娜·安娜·玛利·马约的生平肯定是与众不同的。她是一位杰出的文学家。

在当时的法国上层社会，女子涉猎文艺是一件十分时髦的事。但也仅只限于"稍事涉猎"，没有人赞成她们去干什么更有抱负的事情。但思想活跃的若折菲娜却担任了《家庭通讯》刊物的编辑，还写了10多本虔奉宗教的著作。使她一举成名的小说《阿代马尔·德贝尔卡斯托》拥有很多读者。

此外，在她的著作中还有一部名为《爱尔兰解放者奥康内尔》的传记和一部关于《夏多博利昂》的传记。这两部传记对戴

高乐一生的志趣和成就产生了奇妙的影响。

每到茶余饭后，孩子们围在炉火旁边，兴致勃勃地听着亨利讲述法国历史上爱国者的故事。父亲告诉戴高乐，理想中的法国庄重威严，笃信宗教，国势强盛；而如今则是国难当头，问题重重。

母亲则喜欢坐在安乐椅上，用柔和的女中音，把塞内加尔作品中的故事娓娓道来，有时还会为作品中的人物命运流下同情的泪水。

孩提时代的戴高乐听父亲讲述了参加普法战争同敌人作战时光荣负伤的故事，听母亲回忆她的双亲在得知法国向普鲁士投降的消息时黯然泪下的情形。那些曾经给法国带来荣誉或耻辱的战争和父亲当年作战负伤的经历，触动了最忠实的听众戴高乐幼小而纯真的心灵。

要完全理解当时的情况，戴高乐的年纪还实在太小，但小时候的记忆也足以使他印象深刻。爱国和祸国、国耻和荣誉、宗教和信念，都是当时整个法国、更是戴高乐家人餐桌上不断谈论的话题。

小戴高乐听得入神，随着故事情节的展开时而欢笑，时而痛哭。他下定决心：长大后一定要像父亲和其他爱国者一样，为法国的自由而战。

有的时候，父亲常常会站起来，用抑扬顿挫的语调，朗诵法国诗人和剧作家罗斯丹的诗歌，还不时用手扶一下眼镜。

戴高乐对诗歌情有独钟，他从沙发里站起来，两只炯炯有神的大眼睛望着父母说："我朗读几首古希腊的抒情诗吧！"

他清脆的童声里含着热情。他也读德国诗人海涅和歌德的作品。歌德对宇宙、对人生的深刻的哲理式思索，海涅炽热的激情和对下层人民深沉的爱，都让戴高乐激动不已。

戴高乐读着这些诗作，胸中涌起一种神圣的感情。他的脸红红的，眼睛里闪现出兴奋的光芒，久久不能平静。

▲戴高乐儿童时代

"夏尔，你读得很好。"父亲用慈祥的目光望着儿子。

"我也要读一首诗，行吗？"小弟皮埃尔跑到父亲面前请求着。

"当然行，小皮埃尔。"父亲微笑着，拍拍皮埃尔的头。

这种别开生面的家庭朗诵会受到所有孩子的欢迎，戴高乐更是感到乐在其中。

戴高乐很敬佩夏多博利昂，而奥康内尔传记的主题则与戴高乐毕生的活动并行不悖。若折菲娜在后一本传记中赞扬那位爱尔兰的爱国者进行了一场不流血的革命，用尊重法律和秩序的办法解决了问题。这种方法后来戴高乐曾多次借鉴。

戴高乐对荣获诺贝尔奖的法国哲学家伯哥森的作品十分喜爱。当时的伯哥森被称为自由思想的代表，是直觉主义的捍卫者。他提倡的那种"思念法兰西"的教育和对伟大个人命运的坚定信念，成了这位年轻的胸怀大志者心目中的武器和旗帜。

后来，当戴高乐成为军事理论家和政治家的时候，他还常常以伯哥森的理论为动力。

在戴高乐的整个少年时期，没有任何作品、任何友情对他所起的作用，能与历史小说相提并论。戴高乐的阅读范围十分广泛，他很喜欢读古希腊的抒情诗、歌德和海涅的作品，不过他最喜欢读的莫过于法国诗人兼剧作家埃德蒙·罗斯丹的诗作。

戴高乐10岁生日那天，父亲带他去观看了罗斯丹的诗剧《幼鹰》。这是一部充满爱国激情的悲剧，讲述的是拿破仑的儿子在拿破仑失败后，流亡到了他外祖父的故国奥地利。尽管努力奋斗，却无力改变祖国和自己的命运，结果客死他乡。

戴高乐走出剧场后，向父亲表示："我长大后一定要报考圣西尔军校，做一个勇敢、坚强的军人。"

从那以后，戴高乐对于罗斯丹的作品，简直迷恋到了疯狂的地步，以至于他后来可以把这位诗人的《西哈诺》背得滚瓜烂熟。

年纪稍长，戴高乐崇拜的对象则是文学家和爱国诗人夏尔·裴居义，这种崇拜终其一生也没有改变。

裴居义深受哲学家伯哥森的影响，厌恶陈旧的思想，着眼于对未来的追求，充满了勃勃生气。这位诗人为法国民族英雄"圣女"贞德写下了热情的颂歌。在裴居义的心目中，理想的法国是基督教美德的化身，她是母亲，她的儿子们的责任就是为她尽忠、效劳。

这种观点对出身传统天主教徒家庭的戴高乐来说，与其说是影响了他，引起了他的共鸣，还不如说是被他奉为经典，并在他的一生中身体力行。

实际上，纵观戴高乐的一生，他也许不仅仅是把法国当作他的母亲。用追随他大半生的奥力维艾·夏尔的话来说，他是把法兰西当成了他生生世世的情人，而他则是最殷勤、最专注、最忠诚而善于搞突然袭击的恋人。

戴高乐也常常翻阅伯哥森的著作。伯哥森提倡一种"思念法兰西"的教育同伟大个人命运相结合的坚定信念，毫无疑问，这一信念同裴居义的观点一样，成为戴高乐后来终生实践的人生信条。

戴高乐后来在《战争回忆录》里，专门提到在他童年的心灵

上形成的某种"思念法兰西"之类的教育，就是通过方形王旗和简练的碑文，通过对法兰西民族历史上的光荣和牺牲的追忆，通过罗斯丹等著名作家的作品以及史诗歌曲等进行的。

戴高乐的父亲和母亲都是热诚的爱国者。戴高乐回忆说，父亲是个"有学问、有见解和尊重传统"的人，他"对于法国人的尊严充满了感情"。母亲也对祖国怀着"坚定不移的热爱"，和她对"宗教的虔诚"忠贞不贰。父亲使他懂得了法国的历史。

父母亲身经历过影响法国近代史的普法战争和德雷菲斯事件，母亲向他追述普法战争失败时，法国人是怎样伤心流泪的情景。戴高乐说："这类追述我国以往灾难的故事比任何东西都更激动我的心弦。"他自幼就决心洗雪普法战争败绩之耻。

在这样的家庭氛围中，戴高乐再塑军队形象、报效祖国、重振法兰西的宏愿，也像他的身体一样，逐渐成长起来。

一心入军校当将军

一心想当兵的戴高乐在15岁那年，把胸中涌动的爱国情思寄于笔端，写成一篇短篇小说《德国的战役》。

小说别出心裁，以丰富的想象力虚构了一场将在1930年发生的法德之战。小说中写道：

三支德国军队同时向法国发动进攻：

第一支德军20万人，沿瑞士边境而下，进袭巴黎；

第二支德军越过群山；

第三支德军10万人，做第二支军队的后援。

法国在紧张情况下加以备战。"戴高乐将军"制订了作战方案，他率领20万军队和许多大炮去拯救法国。赶在德军会师之前瓦解了他们的进攻，最后把德军围困在梅斯要塞。

　　父亲亨利对这篇小说惊叹不已。其实，这篇作品从艺术上看很稚嫩，可是他从中看到儿子远大的志向。他拥抱着已经长高的儿子说："我的孩子，你长大了！"

　　"爸爸，我很早就想当兵了，我要报考圣西尔军校。"戴高乐郑重地向父亲吐露了心声。

　　亨利已经承认儿子长大了嘛！他当然应该独立自主地选择自己的人生道路了。望着目光坚定的儿子，他爽快地答应了，他知道这是儿子深思熟虑的结果。

　　"可是，圣西尔军校对考生的成绩要求是很高的，你的成绩还差得远哩！要想踏进它的大门，你非得发奋努力才行。"父亲抓住机会，及时引导。

　　戴高乐震动了，他头一次正视自己的学习成绩，看到了不足。可是人生的目标既然确定，就得为它积蓄力量，坚定不移地走下去，他相信自己不会输。"爸爸！您放心吧！我知道该怎样做。"戴高乐信心十足地说。

　　戴高乐开始把心收拢，专心致志地学习功课。不久，学习成绩真的赶上来了，1906年，他有6科成绩是全班第一名。

　　1907年，圣玛利亚学校由于激进党政府反教权政策而被关闭，戴高乐的父亲便把他送到以擅长数学和德语教学而闻名的比利时安拖瓦中学就读。这所学校在比利时境内，靠近法国边境的地方。

因为要考圣西尔，数学和德语成绩必须出色。戴高乐在这里用心地学习，这对考军校很重要。

在放暑假的日子里，戴高乐一个人来到巴登以及巴登附近的里登去旅行，每遇到一个德国人，他就赶紧走过去，结结巴巴地同人家讲德语。他一改平日冷漠高傲的模样，成了热情洋溢的饶舌者。德国人当然不会辜负这位热心学德国语言的大男孩，也比比画画地与他对讲。戴高乐的德语会话能力真的提高了许多。他很为自己走的这步棋得意呢！

1908年10月，这是一个美丽的季节，戴高乐回到了巴黎的斯塔尼兹拉斯学校，开始认真地准备圣西尔军校的入学考试。

他想着即将开始的军旅生涯时，一种豪迈的感情油然而生，他用笔记下了涌动的思绪，写成一首无题诗：

我愿！

如果我将要死去，

▲戴高乐少年时代

我愿死在战场上。

这时我的灵魂，

依然披着战火掀动的如醉如狂的喧嚣，

那宝剑的威武与清澈的撞击声，

使战斗者凄惨地视死如归。

为了死而无憾，

我愿死在夜晚，

那时我将看到，

光荣之神在床头向我展示，

节日盛装的祖国。

那时我虽已精疲力竭，

却能够在死神来临的籁绕声中，

感受到光荣之神在我的额头上灼热的一吻。

  少年戴高乐诗作的字里行间，渗透着对祖国那么深沉的挚爱和为了国家视死如归的坚定信念。

  戴高乐一心要考入军校，再不像幼年时那样不求甚解了。他在斯塔尼兹拉斯学校一年多的刻苦努力没有白费，戴高乐终于如愿以偿考入了军校。

敢于发表自己的观点

1909年8月，戴高乐通过了圣西尔军事学院的入学考试。他的分数并不太高，在录取的212名考生中位于110名，但总算成了圣西尔军事学院的学员。这一年，他19岁。

在正式进入圣西尔军事学院之前有个见习期，戴高乐被分配到第三十三步兵团。从这一刻开始，戴高乐便朝着自己的目标奋斗，并自觉地加紧了对于一个巨人的必不可少的人格锤炼。

戴高乐不喜欢这种日复一日的军事操练和削土豆皮之类的和平时期的士兵生活，而是一头扎进坐落在古修道院里的安拉斯市立图书馆里，埋头苦读那些僧侣们精心收藏的丰富的图书。

戴高乐这种独特的行为引起了众人的注目。过了不久，与他同时进连队当兵的同学有的被提升为上士，也有的被提升为中士。

有人问他的连长德蒂尼上尉，为什么不把戴高乐提升为中

士，上尉答道："我怎么能把这样的小伙子提为中士？他只有当上大元帅才会称心如意哩！"

这是第一次由一个下级军官用玩笑的口吻挑明了戴高乐心底的志向，戴高乐根本不以为辱。正式进军校学习之后，他在练习本上摘录了著名作家维克多·雨果"风格简洁，思想精确，遇事果断"的名言来作为自己的座右铭，更加勤奋刻苦学习。为了磨炼自己的记忆力，他强迫自己把课文倒过来背诵。

戴高乐一向不善言谈，嗓门又高，为了弥补缺陷，他更是有意识地强迫自己，抓住一切机会向同学们作即席讲演。

戴高乐从小个子就高大，14岁就很像一个大人了，进了军校，他不论站立或坐下，都比其他人高出一头，加上他本性孤傲，不苟言笑，神情严肃，使人很难接近。为了融洽和同学们的关系，他又强迫自己多与同学接近。

1910年10月，见习期满，戴高乐正式进入圣西尔军事学院

戴高乐在同辈当中是个很有个性的学生，他坚毅果敢，但孤高自傲，让人觉得他落落寡合，同他的高身材、大鼻子，恰好互为表里。同学们给他起了一些绰号，如"两米"、"公鸡"等。同学们也没有放过他那独特的大鼻子。

在一次联欢会上，同学们提议戴高乐背诵他最喜欢的罗斯丹诗剧《西哈诺·德·贝若拉克》，他立刻爬上桌子，高声朗诵了诗剧主人公西哈诺关于自己"大鼻子"的一段台词。于是，同学

们便把"大鼻子"的雅号转赠给了戴高乐。

戴高乐长得很快，个头比他的同班同学要高出一大截。有一次他利用自己的优势，精心装扮后去敲自己家的门，自称"费德尔布将军"来访，引起家人的一阵哄堂大笑。

他把自己说成是费德尔布将军也许是有深远意义的，费德尔布将军和戴高乐的母亲一样，也是里尔人。作为塞内加尔的征服者和传说中的常胜将军，费德尔布将军常常是戴高乐家中餐桌上被谈论的中心人物。

戴高乐在圣西尔军事学院勤奋地学习了两年，于1912年10月1日毕业，在毕业考试中得了第十三名，军衔是少尉。填写分配志愿时，戴高乐仍然选择了第三十三步兵团，回到了安拉斯城。

离开安拉斯城仅仅3年，没想到这里的人却叫戴高乐感到陌生。当年嘲笑他只想当元帅的那位连长不在了，就是第三十三步兵团的团长也已易人，新任团长为菲利浦·贝当上校。也就是后来成为法军总监的贝当元帅。

菲利浦·贝当在法国现代史中曾赢得很高的荣誉，在有名的凡尔登一役中，贝当率领法国军队重挫德军，因而被赞为英雄。但贝当在垂暮之年却招来唾骂，第二次世界大战开始后便充当了维希傀儡政府的首脑，历史是无情的，战争结束后以民族叛逆罪被判处死刑。

这时，戴高乐作为贝当麾下的一个最低级的军官，仍然改不

▲戴高乐青年时代

了他喜欢与人争论、敢于发表自己观点的"毛病"。

有一天，贝当上校在斯卡贝河岸上给他手下的军官们讲解火力的重要性。贝当上校的观点在当时的法军总参谋部算是很先进的，因为其时大多数人仍认为刺刀比枪炮优越。

当贝当上校讲到孔岱王子的一次军事演习时，年轻气盛的少尉戴高乐竟毫无顾忌地立即打断他的话头，指出帝蕾纳元帅是用炮火压倒孔岱而拯救了安拉斯。

真是语惊四座，戴高乐的这番话刚一落地，便引起在场军官们的一片哗然，对戴高乐的观点大多数人心里表示赞同，但对他的举动却感到不解。一位年轻的少尉军官竟然中途打断上校团长的讲话，并且直言不讳地反对团长的观点，这小子胆子未免也太大了。

可是，出乎人们意料的是，贝当上校并没有表示出愠怒的样子，相反，这个下级军官的插话引起了上校的好感。课后，人们看见上校团长挽起戴高乐的胳膊，有说有笑地沿着斯卡贝河岸走向远方。在一处幽静的地方，贝当一个劲地和这个下级军官讨论起孔岱和帝蕾纳两人各自的长处，谈话像是身边的斯卡贝河流，陆陆续续地流着。

这是戴高乐首次得到贝当的喜爱。这种交往后来发展成一个高级将领和一位才华横溢的年轻门徒之间的情谊。这位高级将领在他的有生之年，以各种方式为他的年轻门徒攀上世界级巨人的峰巅做了铺垫，虽然有时并不是自觉的、情愿的。

1913年的法国国庆日，贝当上校骑马检阅他的部队。当他检阅到戴高乐少尉负责指挥的队列时，发现戴高乐竟然把队伍解散了！这是严重违犯军纪的，上校团长勃然大怒，下令禁闭戴高乐。

戴高乐认为自己是奉命行事，代人受过，但军令既出，也只得乖乖地坐进禁闭室，眼巴巴地看着第二天星期日不能像往常那样到巴黎去度假了。火车开动的时间快要到了，戴高乐感到沮丧。

也就是在这最后的时刻，戴高乐接到了解除他禁闭的指令。戴高乐高兴得蹦跳起来，拔腿一口气跑到火车站，几乎在火车启动的铃声敲响之时，他跳上了刚刚开动的火车。

当戴高乐大口喘着气走进一间包厢时，却发现那里已坐了一个穿便服的中年人。此人正是贝当！

"啊，小伙子，你差一点就赶不上这趟车了吧？"上校略带

调侃地发问。

"是啊！上校。不过，我想我准能赶得上。"年轻的戴高乐嘴上这么回答，心里却在想都是你上校这么捉弄我，瞧你那得意的样子。

"可是那时你还关着哩！"上校微笑的眼睛眯成了一条缝儿。

"那倒不假。但既然处罚不公，我相信你一定会撤销的。"戴高乐坦然地回答。

"好小子，到这个时候你还不服输！"上校说着起身坐到了戴高乐的身旁。

到了巴黎这一天，一个高级军官和一个年轻的下级军官在巴黎街头美美地玩了一天。

贝当曾为戴高乐写下这样的评语："异常聪颖，忠于职守。"所以这一次，贝当本来就不想处分爱徒戴高乐。

踌躇满志上战场

1914年6月，奥匈帝国的军队以塞尔维亚和蒙特内阁洛为假想敌，在波斯尼亚举行军事演习。演习结束后，亲自指挥演习的奥国皇室弗兰茨·斐迪南大公于6月28日到达波斯尼亚首府萨拉热窝，被一个塞尔维亚爱国者炸死。

7月28日，奥匈帝国对塞尔维亚宣战。7天之内，法国、英国和俄国等协约国集团都卷入了对奥匈帝国和德国等同盟国集团的战争。8月，第一次世界大战爆发了。

对于法国来说，这显然是一个恢复在欧洲霸权地位的大好时机。法国可以从德国手中夺回阿尔萨斯和洛林失地，取得萨耳煤矿区权益。

此时，戴高乐意识到，法兰西将经历许多困难，人生的快乐就在于有一天能为她做出某种非凡的贡献，而我将有机会这样做。他兴致高昂，几乎是急不可耐地参与了战争。

戴高乐在后来的《回忆录》里写道：

1914年8月5日，再见了，我的书籍，我熟悉的东西。生活显得多么紧张，当一切也许即将停止时，最小的事情也变得多么突出。

今天早晨，我们团已经井然有序地起程了。很少有人来看我们出发。有些坚强的人忍住了自己的眼泪。上前线吧！这肯定是全体一致的激情，我过去曾经梦想过的、但现在遭到压抑的热情。

法国的第一个军事行动是进攻比利时。戴高乐所在的第三十三步兵团受命于8月5日从安拉斯城起程，开赴比利时。

戴高乐信心百倍地在日记上写道："每个人都动员起来了。这种强压着的激情是我梦寐以求的。"

第三十三步兵团原属后备力量，但由于德国攻势极猛，法军退至横贯迪南的摩斯河上，第三十三步兵团奉命守住摩斯河大桥，阻止德军过河。

8月15日，第三十三步兵团与德军交火。戴高乐在他参加的第一次实战中大腿负伤，先后被送到巴黎、里昂和安拉斯治疗，年底又重返前线。

这时，戴高乐所属的步兵团已开往香巴尼，贝当已经调离三十三团并提升为旅长。新团长是克罗戴尔上校。

戴高乐离开战场的3个月期间，战局发生了很大的变化，从海峡到瑞士一线，交战双方一直在僵持着。戴高乐执行了许多次很危险的侦察任务，给部队带来了重要的侦察信息。

1915年底，战争僵局有了突破，德国军队准备向凡尔登大举进攻。法国军队面临严峻考验。指挥凡尔登防务的是第三十三步兵团的前团长、后晋升为将军的贝当。

1916年2月21日清晨，天气奇寒。7时15分，沿着几公里前线，隐蔽的德国炮群以一小时10万发的速度，把炮弹射进堡垒综合体。有200多万发炮弹如牛毛般落在了离布拉特邦、凡尔登和奥内尔的村庄的三角地区中，把法军的前沿堑壕都炸没了。经过12小时轰击后，德国搜索部队在黑暗里摸索着前进，以试探法国的抵抗力。

到2月24日，德军攻破了法国的主要防线，俘获了10000名士兵，缴获了65门大炮和大量机枪。

与此同时，大量的德国火炮接踵而至，在他们的步兵部队之前，射出连续不断的滚滚炮弹，夷平了堑壕，炸毁了碉堡，并把森林炸成碎片。

在悲惨的战场形势下，3月2日，担任第三十三团上尉的戴高乐主动请求把他的连队调到战斗最猛烈的凡尔登前线。

这场号称"绞肉机"的凡尔登战役打得十分猛烈。德军集中

兵力兵器包括使用窒息性毒气、喷火器和轰炸机，对西岸法军实施重点突击，但遭法军炮火猛烈反击。

从3月5日起，德军扩大了正面进攻并将主突方向转移到摩斯河西岸，企图攻占两个高地，解除西岸法军炮兵的威胁，并从西面包围凡尔登。

敌人的重炮在戴高乐所在的杜澳蒙阵地上轰炸，大地在不停地颤抖。密集的高爆炮弹，使大地震撼，把人体、瓦砾和装备像稻谷那样飞掷到天空。爆炸的热浪把积雪都融化了，使弹穴里灌满了水，许多伤兵就淹死在里面。眼睛失明和血肉模糊的人摸索着到洞穴里图个安全，就倒在他们的同伴身上，把他们淋得浑身是血。

在阵地上，由于爆炸声大得出奇，戴高乐同前方和后方的一切联络都无法进行，所有的电话都被切断，所有派出的联络官都被打死。

最后一名联络人员身负重伤对戴高乐说："德国人离我们只有20米。"戴高乐握着手枪，注视着敌人，准备不惜任何代价和战士们守住这条通道。

敌人的进攻集中在第十连左侧的第十二连。随即，德国人来到第十连的后面。

此时此刻，人们看到了一种凄惨的景象：戴高乐命令步兵第十连全连上刺刀冲锋，第十连的勇士径直扑向眼前这些靠猛烈的肉搏到达村子的大批德国兵。

几乎就在同一瞬间，一颗子弹击中了戴高乐。他的上司布尔多上校眼见他倒在血泊中，以为他已阵亡，眼含泪水写信给戴高乐的双亲和已晋升的贝当将军。

贝当于5月1日离开凡尔登，去指挥中央集团军群。他一听说戴高乐阵亡，十分悲痛，为此发布了正式的表彰令。

贝当的表彰令说：

戴高乐上尉，连长，以其高尚的智力和情操著称。当他的营遭到致命的轰炸，造成大量伤亡时，当德国人从四面八方包围他的连队时，戴高乐指挥部下，进行猛烈的突击和猛烈的肉搏。

他认为，这是与其军人荣誉感一致的唯一解决办法。他在混战中倒下。这是一名在各方面都无与伦比的军官。

凡尔登战役是典型的消耗

▲戴高乐

战、阵地战。双方参战兵力众多、伤亡惨重。在此役中，法国死、伤、被俘和失踪的人数，合计在55万人以上。德国也损失了45万人以上。由于伤亡惨重，凡尔登战场被称为"屠场"、"绞肉机"和"地狱"。

这同当时的战法有关，当时都是密集队形冲锋，在防备严密的火力面前就仿佛是一群往绞肉机里钻的绵羊。而且指挥官在当时也没有其他办法，除了冲锋就是冲锋，完全靠人来堆。戴高乐在冲锋中如果真的"以身殉国"，那么，"二战"战史和整个西欧的现代史都得改写了。

实际上，戴高乐在战斗中被敌人的刺刀穿过了大腿，自然摔倒在地上，直到他被毒气熏晕。像他部队的所有伤员一样，在恢复知觉时遭到德国士兵的包围，结果被俘。

狱中的不屈斗士

戴高乐是一位顽强不屈的斗士，性情倔犟，他怎么能忍受在战俘营中被迫为德军服苦役的生活！在三年零三个月的战俘营生活里，他意外的收获可不小。

他始终不放弃逃跑的努力。被俘后，戴高乐被送到尼兹战俘收容所，在这里，他把伤养好后就琢磨如何逃跑，以回到法国继续作战。

一天，他偷到一套德军军士的服装换上，悄悄地溜出了收容所。可是，这次逃跑失败了。因为他的个子太高了，而他偷的那身德军军装却太小了，衣袖刚到胳膊肘，裤腿也仅过膝盖，穿在身上看起来非常滑稽可笑。所以他没有逃多远就被抓了回来。

随后，他被关进设在立陶宛的茨祖律津惩戒营。这里是环境更为恶劣、条件极差的地方。

5个月后，他被送到哥尔斯塔特第九堡垒战俘营，这里戒备

森严，专门关押曾经试图逃跑的战俘。然而，戴高乐脑子里唯一的念头就是逃跑，他甚至觉得这是自己作为战俘继续活下去的唯一理由。

这次怎么逃跑？戴高乐想出了一个办法——自残！他偷偷地服用了大量的苦味酸，这是一种做柠檬水的原料，喝多了会出现一系列特别可怕的重度黄疸症状，如眼黄、脸黄、尿黄等。

当时，戴高乐喝完照镜子时，连他自己都吓坏了。不过他终于如愿以偿，很快被送到当地战俘医院治疗。

在医院里，戴高乐终于找到了一个机会，与另一个名叫嫡派的法军少尉商定逃跑。他们又偷来一套德军军装，嫡派化装成德军护士，搀扶着假装生病的戴高乐，混出了大门，立即向瑞士方向逃跑。可是，这一次又失败了。

5天5夜又冷又饿的路程，使他们疲倦不堪，像流浪汉一样狼狈，所以当他们走到乌尔姆时被德军发现，又被抓回了战俘营。

就这样，戴高乐在战俘营里以不同的方式先后逃跑了7次，最终还是没有逃出去。德军对这个法国大个子屡教不改的逃跑行为极为恼火，再次把他从条件相对较好的罗申贝格战俘营送回因哥尔斯塔特第九堡垒战俘营关押。

晚年的时候，戴高乐非常愿意讲述这些越狱的经历，甚至比讲述自己参加的著名战役的次数还要多。他的儿子曾说："父亲讲述这些经历时，没有一丝渲染，完全是直叙，但是非常仔细，就像作战斗总结一样。"

戴高乐之所以如此，完全是想用这种方式减轻自己因为被俘而感受到的耻辱。

他重新按捺自己焦急的心情，静静地反思。是啊！他是勇敢的，他受过表彰，可是却没有立下赫赫战功，这是他最大的遗憾。1918年9月1日，他写信给母亲诉说了自己内心的痛苦：

> 假如从现在起到战争结束之前，我不能重新参加战斗的话，我还会在军队里干下去吗？况且，等待我的又会是怎样平庸的前程呢？

逃跑不成，也不能老老实实地当战俘。戴高乐对曾经给予法国奇耻大辱的德国极为仇视，为了打败德国，他必须要了解德国。于是，他利用在战俘营的时间，开始了对德国国情与民族特点的了解。戴高乐德文水平不错，能够熟练地阅读德文报纸。

他通过狱中的德文报纸，密切关注战争的进展，而报纸中所披露的事情，是在实行严格新闻检查制度的法国难以看到的。他做了许多摘记。

在狱中的这些收获，后来成为他撰写第一部著作《敌人内部的倾轧》的基本资料。

他利用被囚禁的机会，积极地同周围的难友们进行交流沟

▲戴高乐青年时代

通，博得了一个"大元帅"的美誉。

人不仅具有自然属性，同时也具有社会属性，在什么情况下都需要有交流。交流的方式、内容与质量，决定着能否成为交流场的磁心，能否通过交流营造一个良好的人际关系，也反映出这个人的素质和能力。

他的狱友蕾米·卢尔曾经这样评价战俘营中的戴高乐：

这位个性倔犟、看起来有些冷漠的年轻人，身上有一种坚强的意志，他善于克制自己的精神危机和感情冲动，他一刻也不愿意闲下来。但是从他身上我看到了法国人沉着、理智、自我克制的优点。

如果司汤达还活着，他们肯定会成为莫逆之交。他总是抓住时机增长见识，而且非常乐意毫无保留地把知识传授给别人。他是我们这个圈子中的核心。大家对他产生一种敬畏之感，把他称做"大元帅"。

青年戴高乐志向很高，即使身处逆境也不失作为一个领袖人物的抱负。25年后，英国首相丘吉尔也称戴高乐为"大元帅"。从狱友们的戏称到他国首脑的尊称，靠的是戴高乐自身永不屈服的个性。

戴高乐在四年的对德战争中，有一半以上的时间是在战俘营中度过的，这对于戴高乐这个血气方刚的爱国青年来说未免是件憾事。

1918年11月3日，奥匈帝国宣布投降。11日德国军队放下了武器，德方代表前往巴黎东北的贡比涅森林，在法国福煦将军的行军火车上签署了停战协定。第一次世界大战宣告结束。

1918年12月，戴高乐回到法国，到达拉利格里时，父亲带领全家人去火车站迎接他。

刚跳下火车的戴高乐激动地拥抱着父亲，又俯下身子紧紧地抱着泪流满面的母亲。

"夏尔，你受苦了。"母亲凝视着清瘦而略显颓废的儿子，心疼地说。

"一切都过去了，不是吗？"戴高乐微笑着，眼神中多了几许镇定和成熟。

在接下来的几天里，戴高乐尽情地享受着这得来不易的自由。他戴着凡尔登战役中杜澳蒙阵地"阵亡"后被追授的最高荣誉十字勋章，与3个也是穿着军装的兄弟在庭院里合影，父母双

亲和其他家里人相互倾诉彼此的思念，享受着天伦之乐。

战争结束了。每到夜晚，戴高乐常常一个人站在庭院里，陷入思索。他得知三十三团损失惨重，基本上不复存在了，可以说他能活下来是个奇迹。

这也许是命运之神对他的眷顾吧！虽然在逆境中，他始终没有放弃希望和努力，倔犟地、几乎是固执地进行着另一种形式的搏斗。但是，因为参战时间的短暂，毕竟没让他实现为法兰西建功立业的人生理想。

望着星空的戴高乐想，自己已经28岁，时不我待啊！不能躺在遗憾上，我要认真地想一想，怎样走好下一步。

和谐温馨的小家庭

在戴高乐回到法国达拉利格里之前的1918年11月11日，波兰军事学院聘他为战术学教官。

当时的法国有许多军官住在华沙，戴高乐很少参与同胞之间的社交，宁愿一个人独来独往，品味孤独。

1920年8月，在波兰华沙，戴高乐身穿军装，戴着心爱的白手套，身躯笔直地在街道上独行。

有一家糕点店的橱窗里陈列着久负盛名的波兰点心，忽然吸引了戴高乐的目光。

戴高乐走进去挑选了几块波兰点心，然后走出店铺，坐在路旁供人休息的石凳上。他用一只手的小拇指勾住拴点心的细绳，细心地看着具有波兰传统风味的诱人食欲的点心，不由得想起波兰这个多灾多难的国家。

从1772年开始，波兰曾三度被俄、德、奥三国分割。第一次

世界大战结束之后，它才获得了独立。

美国和一些西方国家，对战后波兰的独立和统一很有兴趣，他们害怕那里出现政治真空，让新生的苏联钻空子。于是他们鼓励世界各地的波兰人，组建波兰志愿军，与波兰的军队会合。新波兰领导人得到协约国的认可，一心想扩充领土，向苏联大举进犯，侵占了乌克兰的大片领土。

但是，布琼尼将军率领苏联骑兵，高举战刀，像狂风一般，把波兰人赶了出来。

紧接着，苏联红军又开始进攻波兰，打响了华沙战役。苏联红军的进攻又被同仇敌忾的波兰人所遏止。

戴高乐参与了这场战争，他与许多法国军官一样，是被波兰志愿军招聘来的，期限是一年。

他参加了波兰第五轻步兵部队，到华沙以北的兰波尔托夫培训波兰军官。

他兴冲冲地来到波兰，就是要弥补"一战"中参战太少的遗憾，他要更多地了解现代战争，把握它的脉搏。

波兰的经历让戴高乐获益匪浅。结合实战，他思考过许多军事问题。比如说，在运动战中，装甲部队必须集中，不能分散；还有士气的重要，在保卫自己的家园时，都爆发出不可遏止的力量。这些思考都出现在他以后的著作中。

1920年，戴高乐回到巴黎度假时，有一天，丹妮坎夫人来到他家里做客。

在戴高乐很小的时候他们就相互认识。这位夫人见到而立之年的上尉，身材高大，目光深邃，透着一股勃勃英气，不由得想起了一个姑娘，她是饼干制造商王德禄的女儿伊枫娜。

丹妮坎夫人想：这位姑娘与年轻的上尉不是很好的一对吗？难办的是听姑娘的母亲说，伊枫娜曾经拒绝过一位将军儿子的求婚，理由是那位青年是个军官，她不喜欢跟随军人到处奔波，过一种不安定的生活。如果她见到这位风华正茂的军官，会不会改变主意呢？

▲戴高乐夫妇

丹妮坎夫人找到王德禄夫人，谈起了戴高乐："我很早就认识他，从小就要强，有抱负。这几年在军队里干得很出色，依我看，将会是个很有发展前途的年轻人。"

丹妮坎夫人说得天花乱坠，好像得不到这位女婿将是天大的憾事。王德禄夫人动心了。于是，她们就如此这般地定下一个妙计。

　　两周之后，戴高乐一家来到巴黎的秋沙龙，王德禄一家人也"恰好"来到这里，又"碰巧"遇到了丹妮坎夫人。

　　丹妮坎夫人惊喜地大叫："天哪！你们怎么都到这里来了？这也许是上帝的意旨。我给你们介绍一下吧！"

　　戴高乐一下子被伊枫娜吸引住了。

　　伊枫娜身材不高，额头稍稍突起，头上是浓密的黑发，黑色的大眼睛里流露出沉静和腼腆的神情。这是一个很有魅力的姑娘！戴高乐有些局促地同伊枫娜相互问候。

　　戴高乐信步走到一幅画像前，这是法国诗人罗斯丹的画像。戴高乐一下子找到宣扬自己才华的机会，他的话多了起来。他谈起少年时代对罗斯丹的崇拜，甚至忘情地背诵了好几首罗斯丹的长诗。

　　戴高乐渊博的学识和过人的记忆力，使得伊枫娜对他崇拜不已，听得简直入了迷。

　　回到家里，伊枫娜依然兴奋不已，脸上泛着光彩，悄声对母亲说："妈妈，夏尔真是个很不错的青年。不过，他会不会因为我个子太矮而不喜欢我呢？"

　　王德禄夫人会心地笑了："你是不是有些喜欢上他了？不过，他可是个军人啊！"

　　"夏尔是有教养并且让人喜欢的人，这就足够了。"伊枫娜羞涩地垂下她的黑眼睛，像是回答母亲，又像是自言自语。

过了几天，王德禄一家人邀请戴高乐一家到家里喝茶，戴高乐迫不及待地跟着父母来了。他保持着军人的习惯，上身挺直地坐在那里，把手套和帽子放在膝盖上。

伊枫娜把一杯茶送到戴高乐面前。他接过茶杯，想放在帽子上，茶杯却一下子歪倒了，茶水洒到伊枫娜的裙子上。

戴高乐窘得手足无措，一个劲地说："对不起，太对不起了！"

"这没什么，您不必介意。"伊枫娜在安慰他，又大方主动地询问起他的军旅生涯。戴高乐渐渐走出了尴尬，他生动的叙述，让伊枫娜听得兴趣盎然。

一周之后，巴黎工艺学院在凡尔赛宫举行了盛大的舞会，富丽堂皇的大厅里来宾如云。很少参加社交活动的戴高乐竟然来到这里。

忽然，他的眼睛发亮了！伊枫娜正微笑着，与哥哥雅克站在一起。他快步走过去，问好之后，礼貌地对雅克说："您能允许我和伊枫娜跳场舞吗？"

"当然，我完全同意。"雅克含笑回答。他对这位上尉一直怀有好感。

戴高乐和伊枫娜挽着手走进舞池，他们悄声倾诉着自己的心声。当乐队演奏第六支华尔兹舞曲时，戴高乐终于鼓足勇气，向伊枫娜正式求婚。

多情的伊枫娜似乎一直在等待这句话，她害羞地点点头，欣然应允了。

几个月之后，戴高乐又一次从波兰回来度假。1921年4月7日，在加来圣母院教堂里，他和伊枫娜举办了朴素而隆重的婚礼，然后乘火车到马乔列湖度蜜月。

戴高乐结束了在波兰的合同，回到巴黎定居。他与妻子的生活和谐而安定。戴高乐没有忘记自己的理想。经过申请，他得到圣西尔军校助理教授的位置。

从此，伊枫娜专心地相夫教子。这位曾发誓不嫁军人的女人，为军人戴高乐营造了一个非常舒适温馨的环境。她温柔宽厚，举止文雅，成了一个典型的贤妻良母。

1921年12月，戴高乐夫妇的第一个孩子出生了，他是个男孩，年轻的父亲为他取了一个和贝当相同的名字，叫菲利浦。贝当如果不是娶了一位离过婚的妻子的话，很可能就会当上菲利浦的教父呢！

戴高乐对自己的家庭感到心满意足，这位妻子成了他一生中最忠诚的伴侣。在危难中她与丈夫相濡以沫，在丈夫处于权力顶峰时，她始终保持着一颗平常心。

在母校圣西尔学校教书的戴高乐，他的课讲得非常生动。由于他涉猎的书籍多，又有惊人的记忆力，还在中学时锻炼过演讲能力，再加上有实战的战例，所以课讲得深入浅出，把军事史都讲活了，学员们听得津津有味。他戴着白手套上课，更成了课堂上独特的一景。

　　学校的教学任务并不繁重，这样，戴高乐就有充分的时间陪伴妻子，或者是读书和写作，钻研军事科学。

　　戴高乐一家住的公寓恰好在学校与贝当元帅寓所之间的拐角处。贝当元帅在第一次世界大战中成了法国的英雄，他从1917年5月起任法军总司令，享有很高的声誉。戴高乐对他十分崇敬，经常携带妻子登门拜访。

　　贝当元帅历来喜爱敢于对权威观点提出挑战的人，他十分欣赏戴高乐，自然欢迎他的拜访。在法国军界看来，年轻的上尉已经得到了法国元帅的特别保护。

　　在10多年的戎马生涯中，戴高乐并没有什么显著成就。命运对他是有点刻薄了。所以这段时间，他表现得郁郁寡欢，自以为是，决不服输，毫不认错。

　　然而，在戴高乐的意识深处，他却时刻感到时运正在向他招手。天生我材必有用！此生绝不会虚度。现在，自己唯一要做的事，就是在现有的岗位上，勤奋工作，潜心钻研，从各方面做好迎接这一天到来的准备。

　　基于这样的指导思想，毫无牵挂的戴高乐开始积蓄力量，进行新的攀登。他要准备高等军事院校的入学考试了。

跨出关键的一步

1922年5月2日，戴高乐在其军事生涯中，跨出了一个为一切有价值和有雄心的军事学院军官所必要的阶段：他考取了高等军事学院。

戴高乐在参加第六龙骑兵团、一个飞行大队和第五〇三坦克团正规学习班之后，他在暑假结束后进入了高等军事学院。

在此前，那份使戴高乐考取新学校的评语毫无例外地写了赞美之词，正如圣西尔军校副校长所写的那样：

> 该军官具有高素质，他本人知道这点。知识广博而扎实，能力很强，具有很快领会问题和出色介绍问题的才干。讲课很受欢迎，得到学生的高度评价，被誉为演说家，所以对学生具有很大的影响。
>
> 该军官准备报考高等军事学院，将来肯定会得到录

取和获得成功。

但一入学，戴高乐那刚强的性格就决定了他与院长木瓦朗上校格格不入。因为这位院长的战术思想基本上是静止的，是形式主义的。木瓦朗认为，一个司令官的职责就是订出最详尽的计划，并且不管情况如何都要坚持按计划行动。

可是疾恶如仇、刚烈如火、一贯敢于挑战权威的戴高乐却坚决拒绝接受这种先验论。木瓦朗上校自以为是吸取了大战的教训，认为炮火的威力有利于防御而使发动进攻代价惨重。但戴高乐却深信：下一场战争将是坦克战，机械化程度的日益提高意味着战争将是运动战而不是单一的防御战。

高等军事学院结业时，在考完笔试后还将通过战术实地考核。戴高乐立意要借这次考核的机会，证明自己的观点是正确的。

考核的结果，戴高乐如愿以偿，木瓦朗则败得很难堪。更使院长下不了台的是，戴高乐竟拒绝回答上校木瓦朗这位院长大人向他提出的一个问题，而是让战术演习中的下属夏拖尼亚去回答。

木瓦朗上校面子上当然过不去，他大声斥责道："可我问的是你戴高乐！"

戴高乐泰然自若地答道："上校，你已经把指挥一个军的任务交给我了。如果除此之外我还得承担属于我的下属的任务，那

我就顾不上考虑怎样完成我的使命了。杀鸡焉用牛刀？"

说完，他又命令下属道："夏拖尼亚，请你回答上校的问题。"

这次事件，使得戴高乐名扬全校，当然也就围绕他的结业评分问题爆发了一场猛烈的争吵。

军事学院学生的毕业评分是按"优秀"、"良好"、"尚好"3个等级来评定的，并且也是按这3个等级分配的。评委们认为，戴高乐是一位天赋极高的军官，他那非凡的记忆力，渊博的知识，果断的作风和迅速判断形势的能力，无不令人赞叹。

但是，戴高乐为人自命不凡，难以共事，不听批评，甚至不愿与人商讨问题，使他的优点大为逊色。因此，多数评委坚决表示最高只能给他评为"尚好"。

已经升为元帅的贝当闻讯爱徒蒙受不公，立刻大发雷霆，并且出面施加压力。

又经过副院长迪菲厄将军反复做工作，总算给戴高乐评了个"良好"。最后，学院还是给戴高乐写了这么个评语：

> 是一位理解力强、富有学识而又严肃认真的军人，
> 才华出众，精明能干，颇堪造就。
>
> 遗憾的是，过分自信，好对他人意见吹毛求疵，而且举止俨然像个流亡的国王，大大损害了上述无可否认

的优秀品质。

然而，这些评委们绝对没想到，这个评语竟埋下了后来全体受辱的祸根。恰恰就因为这个评语，使戴高乐这位潜在的巨人分配不到理想的职位而动摇了当军官的信念，也因此引发了老贝当的夙怨。

早在1900年贝当担任国家射击学校教官时，因为鼓吹在当时被视为异端的理论而被解聘。后来，他到军事学院任步兵战术学

▲读军校时的戴高乐

助理教授，在被提升为教授的过程中曾冒犯了当时的正统战术家们。

那帮人迷信上刺刀冲锋，认为它优越无比；而贝当却认为，在即将到来的战争中，火力将是起决定作用的因素。他还认为，德国人的火力会大大压倒法国人。

在军事学院毕业后，戴高乐出版了他的第一部著作《敌人内部的倾轧》，这是根据他被俘期间在狱中的笔记整理完成的。戴高乐此时已34岁了，作为一名职业军人，他在事业上不算顺利。

然而，他的大法兰西民族主义思想却根深蒂固地确立起来

了。尤其是法德之间的纠纷、对立、冲突、战争等在戴高乐的意识中铭刻得异常深刻。

五年之后，戴高乐在一篇演讲的基础上重新整理，加上了《主义论》和《政治家和军队》汇集成《剑刃》出版。

《剑刃》一书详尽地阐述了戴高乐的哲学观点。在他看来，领袖人物都具有超常的品格和气质，令人捉摸不透的人才会有威望。他毫不掩饰对"将在外，君命有所不受"的好感，但他也指出对军事野心要加以必要的限制，而国难当头之际，挺身而出、勇挑重担是军事首脑义不容辞的责任。

戴高乐完全是按照他所刻画的领袖形象来塑造自己，他对领袖人物的种种描写，自己都一一实现了。

戴高乐当然不会忘记贝当元帅的提携之恩，在新增的两章中至少有3处提到贝当。他在书的扉页献词写到：

献给贝当元帅，本书只能献给元帅阁下，因为你的赫赫功绩最能证明：思想光辉所产生的行动，具有何等崇高的美德。

致最崇高、最热忱的爱戴之意！

——夏尔·戴高乐

当初，戴高乐和贝当人生的共同时刻认识。最初的认识虽然时间不长，因为贝当于1913年底离开安拉斯，但是，在戴高乐早期军事生涯中，贝当确实担当了一个非常重要的角色。

1924年9月，戴高乐从高等军事学院毕业后，被分到驻美因茨的莱茵河地区军队参谋部第四局。

1925年10月，已经成了最高军事会议副主席和作为法国三军首脑的法军总监贝当，下令调戴高乐上尉进最高军事委员会副主席顾问团工作，并让他就工事和要塞在法国国防中的作用问题写一篇研究报告。

戴高乐圆满地完成了任务，贝当非常满意。

军校演讲语惊四座

1927年，戴高乐在贝当的建议和支持下，做了一次在高等军事学院引起很大震动的演讲。因为对于爱徒一贯的出色表现，老贝当不想埋没这样一个人才，他要让爱徒站到前台来。

贝当一直就没有忘记当初给戴高乐评分的事情，总有一天要跟军事学院那帮人算账。一天，他对新的军事学院院长艾兰将军说："我越想越觉得给戴高乐评分这件事就像乱断公案一样荒谬。"

然后，他干脆下命令了："艾兰，你在学校组织一轮讲座，由戴高乐主讲。给他的评定简直太荒唐了。讲座由我来主持，我要把那几位教授先生教训一顿。他们会明白是怎么回事的！"

讲座于4月7日开始举行。军事学院圆形会堂黑压压坐满了人，大多是已经头发变得花白的老教授。人们静静地等候着，等候着由法军总监贝当元帅亲自主持的一场报告会。戴高乐也来了，但他独自坐在一旁。

9时整，贝当元帅在新任院长艾兰将军的陪同下抵达会场。

教授们竞相后退，给元帅让路，元帅特意把戴高乐叫过来，让戴高乐走在自己的前面。这简直像演戏一样。

正当台下的教授们摸不着头脑之际，从不多说话的贝当元帅站了起来，他开门见山地宣布道："诸位，戴高乐上尉有话要说，他将要阐明他的观点，请大家注意听。"

犹如一颗炸弹轰然爆炸，教授们瞠目结舌，一时谁都不敢相信。

一个小小的上尉，在校时不过是个二等生，竟然"应邀"回母校讲学，的确是奇闻逸事。更何况他的讲题竟是《战争行动与领袖人物》，这简直是对教授们的蓄意侮辱，至少也是有失礼貌！更令人不可思议的是，法军总监贝当元帅亲自主持戴高乐的这次演讲，这就使整个场面打上了权威的印记。

▶法国三军首脑贝当元帅

戴高乐的演讲一共三讲。第一讲开讲那天，教授们早早地聚集在圆形会堂附近的办公室里。等待贝当宣布会议开始后，戴高乐起身站起走向了讲台。

戴高乐全身戎装，缓步登上高等军事学院的讲台，慢条斯理地摘下军帽放到桌上，又解下佩剑置于一侧，然后再从容地摘下了他那副随时戴着的白手套。他笔挺地站在那里，泰然自若，口若悬河。讲台下，教授们满怀愤慨，但敢怒不敢言，更不敢开小差溜出会场，一个个如坐针毡，只能硬着头皮听这个小上尉教训。戴高乐笔挺地站着，不仅从身材，而且从口才、智力到记忆力上都超群出众。他的双眼紧紧地盯着在座的曾经是他的老师和参加毕业成绩评判的老教授们，甚至看得使对方发窘。其实，更使这些教授们感到窘迫的是戴高乐下面的一段言辞：

> 强有力的人物往往严厉粗暴，难以相处，甚至使人讨厌。即使绝大多数人私下承认这样的人物是超人一等的，从而有意无意地给他们以应有的评价，但他们也往往不得人心，而且在以后的生涯中也很难受到宠幸。
>
> 那些决定别人命运的人宁可重用讨人喜欢之徒，而不愿提拔具有真才实学之士。

这段话听起来，既像为贝当元帅当年因未得晋级鸣不平，更像是对3年前教授们给他自己的评语的直接回答。而且，教授们连还击的希望都没有！

戴高乐不用讲稿，大量引用了一连串古往今来杰出的哲学家、政治家、军人和作家的名言警句。不少听讲的人暗自发问：戴高乐所精心描绘的具备各种美德的理想领袖究竟指的是谁呢？是指那个坐在前排、嘴角挂着满意微笑的贝当？还是他戴高乐本人？或者是二者兼而有之，菲利浦·贝当或夏尔·戴高乐？

在他们看来，小小上尉竟然选择领袖人物的品格作为讲座的主题，这简直是蓄意侮辱。而在戴高乐上尉的眼里，此次轮番讲演，是一种罗马式的大胜利。在接下来的两个星期里，戴高乐上尉又演讲了他的第二讲、第三讲。第二讲的题目是《领袖人物的性格》和《纪律的含义》。其中一些话，许多人都认为那是在指桑骂槐。戴高乐赞颂了诸如佩利西埃将军和利奥泰这样一些人物。前者在塞瓦斯波托尔包围战中，接到拿破仑三世的电报连看都没有看就塞进口袋里，虽然违抗了命令，却为法国打赢了一场战争，并为他自己赢得了公爵的爵位和元帅的权杖；后者于1914年置上级指令于不顾，反而为法国保住了摩洛哥。

第三讲的主题是"威望"，这是教授们最后一次受折磨。

在这一讲里，戴高乐又一次提到领袖人物的品质。当时在场的人以为指的是贝当，但若干年后人们才明白戴高乐是在夫子自道。贝当元帅在听讲时，一连三次都饶有兴致地率领教授们坐在

前排，并且脸上一直挂着满意的微笑。

戴高乐在这里讲出了他的一段名言。这段名言后来一字未改地被收进了他的专著《剑刃》一书。戴高乐说：

> 首先一点，无神秘感就无威望可言，因为过于熟悉就不能产生尊敬。主在仆前非英雄，神居深庙方显威。因此，无论是运筹规划还是处事和思维的方法，都要令人捉摸不透，引起人们的好奇心，打动他们的心弦，使他们跃跃欲试。
>
> 这并不是说，应该把自己关在象牙塔里，对下属不理不睬，令人无法接近。恰恰相反，要想征服人心，就要体察人情，使人人都觉得自己受到器重。
>
> 但是在这样做时，对人们决不能过于迁就，而必须保留某些随时可以抛出来的惊人秘密。这样，大家的信任之心就会油然而生，办事就无往而不胜了。

被教训的教授们都把这视为奇耻大辱，一个个怒不可言。

其实，教授们多少是有点自作多情了。戴高乐上尉不过是在通过这个全国最高军事学府的讲台，向世人宣告他自己的奋斗目标和行为准则罢了。若干年后，当戴高乐再次回想起这段往事时，他的心中依然对这位昔日的恩师充满着感激之情。可以说，没有贝当的庇护、赏识和提拔，也就没有戴高乐后来的成就。

呼唤建立装甲职业军

1927年9月25日，戴高乐被任命为少校，去特雷夫指挥第十九轻步兵营。他在那里，将是一个苛求的、严格的、被普遍认为是最厉害的长官。在这一时期，戴高乐曾在东地中海地区任职两年，到1932年，他奉命调进最高国防委员会秘书处担任中校秘书，时间长达6年。这是根据贝当元帅的建议而设立的机构。

在戴高乐进入最高国防委员会总秘书处之时，法国政府刚刚采取一个重要的主动行动，旨在制定一项关于通过决定性的国际行动，惩罚任何重整军备的总框架协议，阻止德国进行单方面的重整军备。这是戴高乐当时看到的最重要的政治事件。

鉴于当时国家的政治、经济形势，戴高乐预见到了他最不愿意见到的情景：法兰西将在灾难面前束手无策！因为统治阶层的人们听不见或者干脆是不愿听见他的呼吁，所以他就想结交一些志同道合的朋友，努力唤起法国公众舆论，警惕日益迫近的外来

危险。整个1932年，戴高乐都在思考这个问题。

这样，每到星期一晚上，他就到一个叫迪美呢尔的小酒家同朋友聚餐，以讨论如何唤起国民的国防意识。讨论的结果，戴高乐写一篇阐明观点的文章，这就是发表在《政治与议会评论》上的《建立职业军》。这是法国军事思想史上最重要的著作之一。

戴高乐在此书中要求组建一支以强大的坦克群为核心的"装甲兵团"，以便能迅速对事变进行反应。戴高乐和他的朋友们对这篇文章寄予莫大的希望，但有人警告戴高乐，他必须作出选择，要么珍惜自己的前程，要么就沿着他所选择的道路继续走下去。桀骜不驯的戴高乐用自己的行为表明，他把唤醒法国民众的使命看得重于自己的军人前程。在他看来，现在十分明显的是，要打动那些控制着国家军事机器的顽固派，仅仅一篇文章实在是不够的，得写一本书，并进行一番个人的游说活动。

于是，戴高乐又花了大量精力用于完善和充实他那篇文章的观点，终于在1934年5月出版了一本书，书名与那篇文章一样，叫《建立职业军》。在这本书的一开头，戴高乐就令人信服地指出与比利时接壤的法国边界是个战争中的薄弱环节。他指出：英国和美国由于海洋阻隔，难以进攻；德国的权力中心和工业中心十分分散，不易一举摧毁；西班牙有比利牛斯山为屏障，而意大利则受到阿尔卑斯山的保护。

相比之下，法国的心脏巴黎却对任何来犯之敌敞开着大门，因为巴黎周围的平原开阔平坦，不易防守。在这样的情况下，唯一可靠的防御措施不是构筑要塞，而是建立一支由10万人组成的分编成6个机动装甲师的精悍的职业军。

戴高乐的设想是：一支职业化军队，一支由10万年轻、有技术、专心致力于自己的任务的人组成的军队。其作战手段是：6个崭新类型的师，配备履带、装甲车辆、完全机动，每个师包括3个旅：一个坦克旅用于攻克地面阵地，一个摩托化机动步兵旅加以占领，一个炮兵旅对其他两个旅实施支援。

每个坦克旅将包括500辆重型和中型坦克，加上若干进行侦察的轻型坦克单位，完全是一支精干的部队，由专业军人组成，具有极大的机动能力、毁灭性的火力和在突然攻击中突破任何战线的能力。这就是将能在冲突中保护这个易受攻击的民族的长剑，法兰西应该立即将其紧握在手。

这个计划是后来的史学家们所赞同的当时法国对付危机的唯一的解救办法。然而，本应该对保卫法兰西负责的法国最高统帅部对此却熟视无睹。法

▲戴高乐在发表演讲

国总参谋部认为，戴高乐的计划只能使军队分裂、影响士气、浪费资源，当然最坏的是影响他们的仕途。

至于说坦克，法国已经有了一个师，这就够多的了。他们认为法国军队是世界上最精锐的军队，不必庸人自扰！

戴高乐新交的一个议员朋友保罗·雷诺、即后来的第九十八届法国总理不仅在议会旗帜鲜明地捍卫了戴高乐的计划，甚至还提出了包括建立一支装甲部队的防务法案修正案。

但是，左翼议员担心职业军队可能成为右翼政变的工具而加以拒绝，右翼则害怕左派用它来粉碎资产阶级，中间派则认为国家无力负担军费，结果这个修正案当即被否决并且很快被人遗忘了。戴高乐的思想在法国难以推行，但在德国，这本书的销路却要好得多。年复一年，戴高乐眼巴巴地看着敌人在一步一步地实施他鼓吹的理论，国人却奇怪地以一些可笑的理由一次又一次地将它束之高阁，内心真是肝肠寸断！

强烈的责任感又使戴高乐无法避而不见当时瞬息万变的国际形势，他异常精确地预言了法国的未来和战争的进程，并且似乎从未怀疑自己将应召去在那场战争中发挥重要的领导作用。

对戴高乐来说，这是最黑暗的预感的时代。事实上，戴高乐对希特勒德国的敌视是一贯的和不变的。尽管现实中有无尽的失望，他一如既往地向他的同胞们呼吁，并加紧为将要到来的使命继续锻炼自己。

第二章 矢志抗战

爱，给我身上增加了活力，增加了光辉而坚强的自信，这是无穷的活力和自信。

——戴高乐

组建指挥第四装甲师

1938年，欧洲的战略形势发生了彻底地有利于德国的变化。3月10日，法国政府眼睁睁地看着德国吞并奥地利，捷克斯洛伐克的防御就会受到严重损害。

戴高乐每时每刻都会看到，法国没有那种在他看来唯一能确保胜利的军事工具，他无法抑制住那些最痛苦的思考。战争爆发初期，德国在发动一场大胆的运动战后不到半月就占领了波兰，从此在德国东部不再有战线，可以随时将其全部兵力调转方向，来打击法国。

很明显的，德国将不会给包括法国在内的盟国留下任何时间，一旦有可能，就马上要对法国领土发动一次大规模进攻。无疑，任何力量都不能阻止德国充分利用其最初的优势，来赢得一场决定性胜利。

正当国际形势剑拔弩张、战云密布的时候，戴高乐所著《法兰西和他的军队》一书问世了。在这本书中，戴高乐以丰富的资料，精确的内容阐明了若干世纪以来，国家的灵魂和命运何以一直都反映在军队这一面镜子里面。这便是戴高乐在那卑微的地位上，当大难临头的前夕，为法国提出的最后一次警告。

1939年9月1日，天刚蒙蒙亮，数百架亮着翼灯的德机闪电般地闯入波兰上空。顷刻之间，随着惊天动地的爆炸声，保持着沉默的国境地带变成了轰鸣、火焰纷飞的战线。第二次世界大战拉开了帷幕。

在航空兵实施大规模袭击后，一队队钢铁的巨流，碎人肝胆般地吼叫着，狂奔着，驶进波兰领土。随后，150多万德国军队在以坦克为先导下，如锋利而坚韧的巨剑，迅速在波军防线上撕开一道道口子，杀出一条条血路，直逼波兰首都华沙。

被这突然袭击打得不知所措的波兰大地，顿时火光冲天。机场起火了，

▲戴高乐与下属军官在一起

铁路枢纽炸断了，天摇地颤中指挥和动员大楼炸塌了。兵营里，军官和士兵乱作一团，惶惶然不知所措。

突然间，醒悟过来的士兵们，急匆匆跨上战马，操起钢枪和军刀，呐喊着冲向那疯跑着的钢铁怪物。只见剧烈滚动的履带，继续吼叫着，从士兵的肉体上碾压而过。浩浩荡荡的坦克集团军以其快速的机动力和前所未有的突破能力，向着波兰领土的纵深地带推进。仅仅两周时间，波兰便被征服在德军隆隆的坦克集团军和轰炸机的手中。

在希特勒疯狂进攻波兰的时候，戴高乐上校率部驻守阿尔赛斯，他目睹风云变幻，忧心如焚。他看到了德国运用装甲部队对波兰进行闪电战，风驰电掣，所向披靡。而西方呢？比利时前线不堪一击，因为它连马其诺防线那样的屏障都没有，而政治家们却盲目乐观，军队技术落后，缺乏斗志，战斗力日渐衰退。

1939年11月11日，戴高乐向参谋部寄了一份《关于使用坦克的报告》，他用人们知道的、关于"敌人在波兰刚刚实行的装甲大部队行动"的事实来证明该报告是正确的。他揭露说，把坦克"分散"在法军各个部队是一个重大危险。

戴高乐重新要求人们修改关于使用坦克的规定，设想以后在大部队范围内广泛和深入使用坦克。

1940年3月19日，法国达拉第政府被推翻，勒布伦总统指定保罗·雷诺接任总理。很长时间以来，戴高乐就同雷诺保持着通

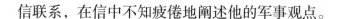

信联系，在信中不知疲倦地阐述他的军事观点。

　　戴高乐将一切赌注都押在雷诺的上台上，押在这样的时刻上：他最终能在法国军队中强行组建一支装甲部队。

　　5月10日德国进攻法国，很快突破了法国的防线。在此之前的3天，戴高乐上校接到总司令部的命令，指挥法国军队中最强大的大部队第四装甲师。5月11日，他正式接受任命。

　　其实，这支装甲师还只是处于组建阶段，装甲师部队从来没有过共同作战的经历。当时，法军仅有的8000辆坦克，却分散在各步兵团。戴高乐立刻来到拉昂，在城东南的布鲁耶设立了指挥部。

　　戴高乐乘车巡视周边地区，看到一群群难民正向南方奔逃，所有的道路都堵塞了。忽然他发现难民中有不少解除了武装的法军士兵。

　　"喂！怎么回事？"他拦住一个士兵问。

　　那个士兵告诉他："我们正在行军，德国人的装甲部队突然出现在面前，他们命令我们放下武器，一直向南走。"还说，"我们没时间抓获你们，你们不要在前面挡道！"

　　听了敌人的狂妄叫嚣，戴高乐抑制不住内心的怒火，愤愤地在心里发誓：今后无论打到哪里，无论打多久，不打垮德国人，不洗雪国耻，我绝不罢休！

　　1940年5月10日，希特勒的军队在西线发动了攻击。尽管从

多种渠道已获得德军即将进攻的情报，但由于长时间的"西线无战事"，法国人不可避免地措手不及。

在接受任务的当天，戴高乐奉命将敌人阻挡在拉昂地区，以争取时间建立第六集团军，阻断进攻巴黎的去路。戴高乐只收到第四装甲师的一小部分军队，他率领80辆坦克发起第一次进攻，以切断德国装甲师的交通线路。

第四装甲师切断了包括蒙科尔内在内的许多城市的交通线路后，因为没有后援，面对敌军的强大增援部队而不得不撤退。

第四装甲师的其他部队到达后，戴高乐率领150辆坦克再次发动进攻。在取得初步胜利后，由于德国动用了空军突击部队和炮兵，第四装甲师停止进攻。

戴高乐在从巴黎返回驻地途中，奉召来到设在万森城堡的甘默林将军的总部。这位身材矮小的最高司令官心不在焉地说，装甲师的数目将要翻一番，从2个师增加至4个师。

戴高乐本来对自己以上校的身份应召来指挥一个师感到自豪，但他对法国军队拖延时日来组建这种德国业已拥有的机械化部队感到惶惑不安。不过他没有气馁，继续自己的组建工作。

5月17日拂晓，只有3个坦克营到戴高乐的指挥部报到。这些部队战前没经过认真的训练，很多坦克兵驾驶时数总共还不到4小时，军官和士兵有的是在战场上刚刚相识。

戴高乐用最快的速度把他们组织起来，经过简短的动员，在天色微明时就投入战斗。尽管法军没有先进的通信设备，只能用摩托传令兵去联络，但是戴高乐高昂的斗志感染了士兵们。他们横扫敌军，迅速到达默科尼尔，来到赛尔河边。

因为缺乏后援，部队无法抢渡，法国的大炮又迟迟没有进入阵地，只能被动地挨敌军炮弹的轰击。

德国空军又经常来助威，一队队轰炸机随着一声声怪叫，把炸弹投向法军的坦克。顽强的戴高乐没有被敌我力量对比的悬殊吓倒，他头脑冷静，用恰当的战术指挥部队勇敢地出击。

在一次战斗中，他们以损失不到200人的代价，换取了抓获130名德军、击毙数百名敌人的辉煌战绩。接着，戴高乐又奉命去塞纳河一线狙击敌人。

5月28日，第四装甲师行军200公里，物资损失极为严重。军队来到阿伯瓦尔地区后发起了两次进攻，以摧毁敌人在索姆河南部占领的一个袋形阵地。

此时的戴高乐已于4天前被晋升为临时准将。这次军事行动大获成功，抓获了400名敌人，破坏了几乎整个敌人阵地，只剩下阿伯瓦尔地带由于敌人数量多，炮兵强大而未攻破。这次行动拖延了敌人跨越索姆河到达阿伯瓦尔北部的进程。但是由于敌人在数量上的优势，第四装甲师的第二次行动没能够占领这座城市。

5月31日，他们向一个桥头堡发起攻击，戴高乐率领他的第四

装甲师，突入敌防线14公里，俘敌数百名，还获得大批战利品。

鏖战正酣时，使戴高乐一往无前的勇敢精神，来自他对法西斯强盗的深仇大恨，来自他对祸国殃民的那帮军政头目的满腔怒火。

戴高乐在枪林弹雨中，抽空给一位朋友写信说：

　　我希望你像我一样轻蔑那些统帅部的老爷们，他们的智力和品格是如此低下，他们长期奉行错误的政策，使国家和人民遭受如此深重的灾难，他们是千古罪人！

尽管如此，戴高乐仍然看到了在这临时凑成的军队中，已经普遍地出现了士气昂扬的景象，这激励他继续指挥部队英勇作战。

几天后，戴高乐被雷诺紧急召回巴黎，担任新的职务。

出使英国联合抗德

　　法国总理雷诺对战时内阁成员又作了新的调整，因为他越来越感到，自己在内阁中日益陷于孤立。于是，他力排众议，于1940年6月5日夜间，毅然将戴高乐从第四装甲师前线调回，任命他为法国国防和陆军部副部长。这是戴高乐首次担任政府职务。从此，戴高乐为法兰西而战的战斗岗位就从坦克车里转移到了政治舞台上。

　　6日清晨，坦克部队总监特勒兹德兰将军听到广播后叫醒了戴高乐，告诉他对他的新任命。戴高乐显得很平静，也许他事先已有耳闻。因为此前魏刚将军召见他时，他曾顺道拜访过雷诺。

　　表面上的平静掩饰不住戴高乐内心汹涌的波涛。尽管形势危急，他作为军人可以在战场上英勇杀敌，但是两次参加战斗已经使他意识到，法国军队的问题不在那些愿意拼死一战的将士，也不在装备、军械上，而是在那些一心只想求和的最高统帅部的决

策人物身上。

这个时候进入内阁，也许还能起点作用，通过这种方式进入法兰西的心脏，可以参与决策，可以影响首脑人物。

不过，戴高乐的心中也有一丝隐忧，凭他对那些高官的了解，他明白自己的力量是多么微小。

尽管各种想法在心中往复交织、挣扎不已，戴高乐还是怀着些许憧憬走马上任了。他一到巴黎，马上就到战时内阁总部见了总理。

不过，雷诺的决心远不如戴高乐坚定，雷诺虽然希望战斗到底，希望法国最后能够胜利，但是自从他上台开始，就被包围着他的失败主义者们所左右。而且大战开始后，法国的溃败和混乱更使他的决心摇摆不定。因此他的政府在战争开始后，总是在主战与主和之间摇摆，和英国的关系也时好时坏。

随着德国人的步步紧逼，法国和英国的关系也日趋恶化，以魏刚为代表的失败主义者，不断地指责英国见死不救，向英国提出一些不切实际

▲法国总理保罗·雷诺

的要求。

正如魏刚和戴高乐谈话时说的那一连串"如果"一样，把在法国本土上抵御德国侵略者的希望寄托在英国身上，一再强调英国的"责任和错误"，却不认真地履行自己的基本义务，实际上是在为下一步停战求和寻找借口：既然英国无法履行他们应尽的责任，为了避免更大的损失，法国只有停战求和。

这时，也被雷诺召回的法驻西班牙大使、"一战"的老英雄贝当元帅同样认为，法国已没有退路，只能求和。绝大多数政府官员不约而同地站在了他那边。

从某种角度上说戴高乐是崇拜贝当的。但恩师贝当对待战争的态度，着实让戴高乐感到悲哀。

戴高乐之所以有坚定的信心，最重要的原因在于他对法兰西民族始终不渝的热爱和坚信。和雷诺不同的是，戴高乐自小生活在一个视祖国为第一生命的知识分子家庭，成年后在军队服役，和政党政治没有什么牵扯。因此他一旦下定决心，不会受任何政治上的干扰，甚至包括其他国家态度的干扰。

雷诺要戴高乐去见丘吉尔，不仅要他向英国政府表示法国将继续战斗，而且要戴高乐设法从伦敦获得可靠保证，保证皇家空军特别是战斗机将继续参加法国的战斗。并探询一下撤离敦刻尔克的英军还需要多长时间才能重新装备起来，派回大陆作战。

戴高乐坐在通往巴黎的汽车上，心情久久地不能平静。他并

没有为自己职位的升迁而陶醉，他的心里想的更多的是法兰西的前途，因为在他临起程之时，他获悉德军从色当到阿伯瓦尔的弧形战线上又向法军发动了新的进攻。此刻，他眉头紧锁，思绪万千。

戴高乐将军坐在车窗后面，心情忧郁地注视着从眼前一一闪过的景象。当他路过城镇和乡村时，他看到的是惊慌失措的居民和一队队从前线溃退下来的法军。

戴高乐将军的脸感到一阵阵的发烫。他感到无颜直视那些怀着默然无语的疑问，用期待和求助的目光看着这些溃退下来的保卫者的妇女和儿童。

戴高乐看着那些茫然的目光，仿佛听到了他们心中那默然无语的疑问，为什么我们的军队是撤退？为什么敌人的气焰那么嚣张？为什么？为什么？为什么？

汽车越往巴黎方向开，戴高乐将军的心情就越发沉重。道路开始变得拥挤，车流流动缓慢。随着车流，戴高乐的汽车无可奈何地往前挪。好不容易开进巴黎市区，但道路也更加拥挤不堪。戴高乐探出车窗，四下打量了一下："乱糟糟的一片，好家伙，人们全像疯了似的。"戴高乐喃喃自语。

在访问前，戴高乐又一次拜访魏刚将军。这次谈话给戴高乐留下了深刻的印象。魏刚虽然依旧镇定自若，但是已经甘心失败并且决定停战了。

自从战争开始后，掌握法国政权的右翼势力表现出来的姿态就是，他们宁可一再迁就德国，即使丧权辱国，也不愿看见暴力革命的发生。

在达拉第执政期间，大肆搜捕共产党人，却允许法西斯党徒四处活动。在魏刚的总部所在地，戴高乐还与来请示工作的各个参谋部的熟人交流了看法，这些人都一致认为这场战争输定了，尽快结束战争是最好的解决办法。

可以想象，戴高乐看到的、听到的种种情况使他的心情多么沉重，整个国家的绝大部分掌握各种权力的人都丧失了信心。

但是戴高乐仍然坚定地认为，一旦政府果敢地作出决定，在帝国范围内继续斗争的话，这些悲观失望的人们的思想仍然可以扭转过来，勇气也可以重新燃起。

基于这种认识，行前戴高乐又见了雷诺一次，开门见山地建议撤销魏刚的总司令职务，换上洪齐格尔将军。

雷诺的回答含糊其辞，他虽原则上同意戴高乐的意见，但认为这时候进行人事变动是不可能的。

事实上，由于雷诺的动摇不定，这个建议从未实施，不过，那时即使更换了总司令，恐怕也不会有扭转乾坤的希望。虽然深感孤立，戴高乐在去伦敦前仍拟订了一项把部队都运往北非的详尽计划。

这意味着要把50万军队撤往北非，法国的飞机和海军都要投

入使用，而且还需要有50万吨的船舶动力。这一切全要靠英国来帮助。

1940年6月9日，丘吉尔很快在唐宁街10号第一次接见了戴高乐。这是英法两个盟国的两位"二战"中的伟人第一次会面，也是他们日后多次的亲密合作、相互支持和无休止地争吵的开端。

会见之后，戴高乐对丘吉尔的"第一个印象"是好的。但是在涉及问题本身时，丘吉尔并没有满足法国的要求。因为丘吉尔断定法国是输定了，法国本土不可能重建防线，所以他断然拒绝派空军支援，只同意把曾在比利时作战残存下来的部队留在法国。

戴高乐从英国回来后不久，政府已不能在首都视事了，先迁往图尔，然后又迁往波尔多。然而波尔多也绝非偏安之地。时局进一步恶化，投降派更加紧锣密鼓地活动。

巴黎失陷的前一天，丘吉尔来到图尔，他只能作一番道义上支持的姿态。雷诺神情颓然，魏刚当着丘吉尔的面向雷诺报告：法军已经精疲力竭，全线崩溃，陷于极度混乱之中，因此除请求停战之外别无他途。

法国政府乱作一团。当丘吉尔离开会议厅穿过过厅时，他看见戴高乐冷峻地、毫无表情地站在门口。在相互致意后，丘吉尔用法语低声地念叨了一声"应运而生的人"，便匆匆而去。

戴高乐决定在这降与战的最后关头尽最大努力把部队转移到

北非去。为此，首先要挫败投降派的阴谋，只有这样，法国政府才可以堂堂正正地主动撤离，继续坚持抗战。

然而投降派的势力太大，雷诺能坚持多久呢？戴高乐深知阻力极大，但仍然于6月12日带着移师北非的计划来见雷诺。

此时，德国军队已经渡过塞纳河，巴黎的失陷在旦夕之间，雷诺决定把政府迁往波尔多。贝当、魏刚等包围了雷诺，反对一切移师北非的抗德方案。

海军上将塔耳朗曾经表示要打到底，但是当戴高乐敦促他无论如何不能使法国舰队落在德国人手里的时候，塔耳朗却转了180度的大弯子，听从了魏刚的命令。

国务部塔尚·伊巴耳尼佳莱也曾经是少数主战派当中的一个，但事到临头却说："作为一个老军人来讲，除服从我的上司贝当、魏刚元帅以外，就没有什么东西能决定我的看法了。"

丘吉尔正是看到法国局势垂危，所以匆忙赶到法国，向雷诺提出不能将舰队落入敌手。如果英国连对法国舰队也不能指望，那么法国对英国还有多大用处呢？

不出所料，巴黎终于在1940年6月14日被德军占领。6月16日，贝当将军组阁。

这期间，戴高乐奔走于英法之间，他力主抗战到底，并多次与英国共商抗敌救国大计。同时，他也想通过借助英法联盟的力量，对雷诺起一些精神上的刺激作用和鼓励作用，也可以多少牵

制一下投降派的阴谋。

但是法军节节败退，大片国土陷入敌手。6月16日晚上，戴高乐从伦敦返回波尔多后，发现贝当将军组阁，投降已成定局。

戴高乐下定决心，要与德国法西斯战斗到底，但在法国本土，由于顽固派的反对，戴高乐已无法立足了。于是准备采取新的行动，在一块新的天地里发起抵抗运动。但是，他想轻松离开法国是不可能的，一定要想个办法脱身。

1940年6月17日，戴高乐假装给英国特使斯丕尔兹送行，与他一道驱车前往机场。秘密警察一路监视，但戴高乐泰然自若地和斯丕尔兹将军来到了机场。

10时，当飞机引擎已经发动。戴高乐的副官已事先躲进了飞机里。在发动机发出轰鸣，机轮正要开始滑行的瞬间，副官从飞机里伸出一双大手拉住戴高乐。正在挥手向英国客人告别的戴高乐突然跃身登上飞机，旋即关闭了舱门。

机场上监视戴高乐准将的秘密警察无不瞠目结舌，还没反应过来，飞机已经"载着法国的荣誉和未来"升上了蓝天。

飞机在蓝空中飞行，一朵朵白絮似的云团从飞机舷窗外飘过，而在机身之下，却是一片汹涌翻腾的云海，戴高乐将军此时的心情也似这翻腾的云海，久久不能平静。

经过两个小时的飞行之后，飞机载着戴高乐踏上了伦敦的土地。从此，他要攀登一座座险峰，涉过一道道激流。

高擎"自由法国"旗帜

1940年6月18日18时，戴高乐坐在英国广播电台的播音室里，向全世界、也向沦亡的法国，发表了具有历史意义的"六·一八"演说。戴高乐郑重宣告：

我，戴高乐将军，现在在伦敦。我向正在英国领土上和将来可能来到英国领土上的持有武器或没有武器的法国官兵发出号召，向目前正在英国领土上和将来可能来到英国领土上的一切军火工厂的工程师和技术工人发出号召，请你们和我取得联系。

戴高乐指出：

无论发生什么情况，法兰西抵抗的火焰不应该熄

灭，也绝不会熄灭！

就这样，戴高乐在海峡彼岸的伦敦，树起了第一面法国反抗德国法西斯的旗帜。这次演说，标志着"自由法国"运动的开始。

仅4分钟的讲话，戴高乐却为此花了几个小时加以推敲斟酌，许多地方他都左右为难。他可以宣布彻底背叛政府、拒绝执行政府的命令。但是，这样做会给英国政府带来麻烦，因为他们还没有放弃继续与贝当政府保持联系的希望。或者，他可以只是

▲1940年6月18日，戴高乐在伦敦向法国民众发表讲话

邀请法国溃退的幸存者来伦敦和他一起组成一个像波兰人、捷克人、比利时人那样的组织，在英国的领导下战斗。但是，这样又违背他的意愿——保持一个独立自主的，打不败的法国。此外，他还必须记住他仅仅是个临时准将，没有权力代表任何人讲话。

戴高乐以惊人的速度很快掌握了政治家的手腕。他的号召绕开难题，巧妙折中。开始他简要叙述法国军事领导人组成一个政府，而这个政府为了停战的目的和敌人接触。这样一来雷诺和他的政府就开脱了罪责，而停战的责任落到了贝当和魏刚身上。

戴高乐接着讲了法国在军事上的失利，批评了法国将军们对装甲部队和空军的运用错误。然后明确提出两点主张：首先，法兰西帝国可以和英帝国联合起来；其次，法国可以像英国一样，最大限度地利用美国丰富的工业资源。

这两项主张的目的非常明确。其言外之意就是：只有由他或他拥护的人所领导的政府，才会享有英国和美国的支持。为此，他称自己为"我，戴高乐将军"，因为他的知名度并不高，所以，"邀请"而不是"号召"法国武装部队成员到英国来，和他取得联系。

总之，他成功地发出了挑战的吼声，既没有伤害合法政府，也没有冒犯英国客人。

但，听到"号召"的人并不多。在挪威和敦刻尔克幸存下来的法国人，大约有万余人没有收听英国广播公司的广播，新闻媒

体主要关注的是同一天丘吉尔的讲话，另外，所有可以利用的录音设备都被用来录制丘吉尔的讲话，而不是戴高乐的。所以"号召"未能录下来。可以想象，将军对此极其不满。

次日，虽然天色阴沉昏暗，却传来了好消息。设在柯曾广场的登记处有几个人去报名，要求投身拯救法国的事业。反响断断续续，名单上没一个有影响的人物，但这毕竟是个开端。另一个好消息是他的妻子和两个女儿已安全地跨越海峡来到了英国。

妻子和女儿的到来给戴高乐增添了勇气。在6月19日的广播讲话中，他大胆地亮出了自己的观点。语气也和一天前大不一样。他宣称他是以法国的名义在讲话。他说，以法国的名义，"我正式宣告：任何一个仍然拿着武器的法国人有绝对的责任继续抵抗；放下武器，放弃军事阵地，把一寸法国土地让给敌人，都是对国家的犯罪。"

他接着劝导法兰西帝国的将军们，尽管他们的军衔比他高，但是他们有责任拒不服从敌人的命令。总之，这是一篇让人震惊的、典型的冒失讲话。

6月28日上午丘吉尔发表了公报："国王陛下的政府承认戴高乐将军为'所有自由法国'人的领袖，无论在何地，投奔他就是支持盟国的事业。"尽管困难重重，遍布危险和仇视，戴高乐将军还是完成了一项任务：为"自由法国"奠定了一个合法的基础。

1940年7月14日，在格罗夫纳花园，福煦元帅塑像前举行了庆祝法国国庆节游行。当戴高乐向被检阅者行答礼时，那里仅有两三百名"自由法国"人，却有几千伦敦人。他们唱着法国国歌"马赛曲"，尽管他们的歌词与曲调唱得不准，但足以说明戴高乐赢得了英国人民的支持，而且他们会坚持到底。

　　到8月中旬，"自由法国"军中已有约2250名官兵，其人数还不多，但已是一个良好的开端。7月2日，"自由法国"的办公室迁到了卡尔顿花园四号一所雅致的房子里。最令人高兴的是英国特工人员在法国被占领区的一家银行的院子里发现了一个保险柜，里面藏有价值1300万英镑的法郎。他们设法把这笔钱都弄回了英国，用于资助戴高乐。

　　良好的开端使戴高乐认为自己羽翼已经丰满。1940年夏的"自由法国"还默默无闻，完全依靠英国人，只有一个小小的伦敦根据地，法国人自己常常忽视它，对它不信任。4个月后，让大家，也包括戴高乐惊奇的是，"自由法国"已代表几千平方公里的领地并拥有17500人的武装部队了。

　　整个发展过程充满着过失和才智，遗憾与幸运，还有不少令人难以置信的偶然、勇气和坚韧，上演这出戏的剧场是非洲的法兰西帝国。

　　停战以后法属非洲殖民地成了各方关注与抢夺的焦点。在北非，虽然英国和"自由法国"想方设法争取摩洛哥、阿尔及利亚

和突尼斯的法国总督，但其最终未能与维希政府断绝关系。

在中非和赤道非洲有大片土地多数不是沙漠就是雨林，名义上不是属于法兰西帝国就是由法国托管，而实际上由于地理、气候、土著人口稀少而又分散等因素，其归属不明。

法国溃败之后非洲帝国的战略重要性日趋突出。北非控制着大西洋通往地中海的入口，也是通向苏伊士运河和印度的必由之路。中非和赤道非洲，则是一条从黄金海岸穿越大陆到达埃及和中东的安全通道。

8月6日，戴高乐决定派他的三位亲信，普莱文、让·帕朗和克洛德·埃杰·德·布瓦朗贝尔，后来又派勒克莱尔前往赤道非洲离间乍得、法属刚果、喀麦隆和维希的关系。

事情进行得非常顺利。8月26到28日，乍得正式宣布拥护戴高乐。勒克莱尔和布瓦朗贝尔带领二十多人乘坐三只当地独木舟，冒着大雨连夜在杜阿拉登陆，随后又占领了喀麦隆。德·拉米纳上校渡过刚果河来到布拉柴维尔，占领了这座城市，宣布法属刚果拥护戴高乐，他自己为"自由法国"非洲政府头头。

乍得、刚果和喀麦隆的"收复"被称为"光荣的三天"。这引起了维希政权的警觉，达尔朗决定派一支由6艘巡洋舰组成的小型舰队，3艘重型3艘轻型，以加强现有守军的力量，防止更大的流血事件，假如可能的话，收复背叛的国家。德国海军指挥机关同意此项行动后，"Y特遣舰队"于9月9日从土伦起程。

在此之前，8月30日，法英联合舰队已从英国的利物浦起锚，实施"威胁行动"。登陆部队有四个皇家海军陆战营，两个独立的海军陆战连，有支援部队，两个"自由法国"营。

海军拥有两艘战舰，1艘航空母舰，3艘巡洋舰，9艘驱逐舰，3艘"自由法国"小型护卫舰，2艘武装拖网渔船，四艘货船。此外还有两艘荷兰班船，其中一艘是16000吨的"西方世界"号，戴高乐在这艘船上建立了他的指挥部。

9月23日，舰队到达达喀尔附近海面，碰到了这个季节中极少见到的坏天气，浓浓的大雾阻挡了视线。戴高乐的两架小飞机涂上了法国三色旗，飞行员身着法军制服，从英国航空母舰上起飞，降落在瓦卡姆机场，期待受到友好接待。然而，他们迅即遭到逮捕。此后，两艘汽艇挂着三色旗，神气十足地驶进码头，和岸上的法国士兵喊了几句话之后，没料到响起了重机枪，于是被迫仓惶而逃。

戴高乐请求布瓦松允许"自由法国"的船只进港，但遭到严厉的拒绝。达喀尔所有防御力量，包括"黎塞留"号进入实战状态。岸上的炮兵和英国舰只开始交火。英国舰只在大雾中摸索着驶向岸边。傍晚时分戴高乐设法率"自由法国"军队在北部登陆，但却被击退。双方各有伤亡。

第二天早晨，战斗重又开始。战舰和岸上的炮兵在4公里长的战线上激战。英国人打出了约400发15英寸炮弹，但徒劳无

益。法国人则准确多了，重炮摧毁了"巴尔姆"。

戴高乐接受了现实，达喀尔占领不成了。他想停止行动，但是坎宁安和欧文决定发动最后一击。第三天上午，能见度好一些，战舰在更长的战线上向岸上开火。结果仍然是劳而无功。英国指挥官终于同意了戴高乐的观点。整个行动失败。

面对失败，戴高乐镇定自若。欧文将军写道："戴高乐有惊人的忍耐力，他勇于面对巨大的失望……我和坎宁安海军中将都十分仰慕这样一位镇静、勇敢，头脑又清醒明晰的人。"丘吉尔在下议院为戴高乐辩解。但是英国新闻界却毫不留情。

戴高乐将军十分消沉。对他来说，达喀尔是从1940年5月的耻辱中爬起来的第一步，结果却又蒙受了奇耻大辱。在他看来，"自由法国"首次上战场就当了傻瓜，而他尤为愚蠢。他又不知道是否该继续往前走了，但这次可不是光荣退役到加拿大享天伦之乐，而是在失败中耻辱地退却，使他的骄傲永远地受到创伤。他自己后来写道，当时他情绪极其低沉抑郁，甚至想自杀了之。

可以说达喀尔是戴高乐和"自由法国"的低谷，但它不是，绝不是结局。将军及其部队由英国舰队护卫，于10月8日抵达杜阿拉，受到了英雄般的礼遇。之后的两个月进展迅猛。他们无论走到哪里，都会遇到欢迎的人群和"自由法国"的旗帜。

最后一次挽救"自由法国"非洲基地的行动是占领加篷。11月初，尽管英国人心存疑虑，德·拉米纳和帕兰特还是带领两支纵队分别从喀麦隆和刚果进入内陆，勒克莱尔则从海上发起进攻。这次行动快捷灵巧，效果显著，仅用两周时间就完成了任务，维希政府的加篷总督自缢身亡。

如今戴高乐已控制了主要法属非洲领地，事实上早在"解放"加篷之前，他就已采取措施，开始确立其独立政权的地位。在伦敦他只是个小人物，完全在英国保护伞下生存。现在他控制了法兰西帝国的一大片领土，并成了它的代言人。戴高乐开始在国际舞台上崭露头角了。

10月27日，他在刚果布拉柴维尔发表了一份宣言，颁布了两项法令和一项"建制公告"，即政府宪章。宣言宣布维希政权完全是"非法违宪的"，戴高乐将承担起指引法国战争努力的"神圣使命"。

戴高乐还说："为了保卫法国，我要以法国的名义行使我的权力。我郑重地承诺，将尽快向有可能自由选出的法国人民的代表汇报我的所作所为。"法令宣布成立帝国防务委员会，还清楚地阐明，"必要时，在与防务委员会磋商之后"，戴高乐有权作出决定。建制公告使这些措施合法化。

自然，伦敦读了这些宣言之后极其不悦。英国人对维希仍抱有很大希望，甚至还指望其中一些领导人会被吸引回来同德国作战。比如魏刚，近来被任命为北非总代表，总有人想要接近他。10月，贝当派路易·鲁吉耶教授到伦敦秘密洽谈两个政府间的一

项"临时协定"。各种讨论都正在进行中，英国人最不愿见到的他们的关系受到戴高乐的暗中破坏。

11月12日，戴高乐回到当时仍遭受严重轰炸的伦敦。

1941年7月，丘吉尔问"自由法国"的法律顾问勒内·卡森："戴高乐到底是将军，还是政治家？"

这个问题问得怪，因为答案一目了然。1941年年中问这个问题表明英国首相及其同事对戴高乐不断扩大的政治野心是多么难以接受。

这些野心没有加密。戴高乐一直认为法国情况特殊，得到礼遇是应该的。在伦敦的许多流亡政府都是合法政府，它们离开本国的目的是继续战斗。雷诺政府本来也应该这样。然而法国，遭到背叛的法国，却羞辱地媾和，这是"真正的"法国——"自由法国"所绝对不能接受的。

众所周知，这种英雄气概在1940年6月那些黑暗的日子里很容易被人接受。在那艰苦的岁月中，倘若法国高层执政者到伦敦来，那么戴高乐甘愿作为一名军人为"真正的"法国效力，并且同英国密切合作。

但是没有法国政府高级官员到伦敦来。在此背景下，重担自然落在了戴高乐的肩上。"自由法国"越强大，他的话就越有分量，英国的处境就越难堪。

无论英国多么想把时间拨回到蜜月般的1940年，他们也不能不面对一年后的现实。那就是"自由法国"已赢得公众和新闻界的认可，他们认为其勇敢而浪漫。它在处理官方问题上更强硬了。

为了巩固他的新地位，戴高乐不能太温和。恰恰相反，他一意孤行，必要时还得蛮横。他本性如此，若是要打仗，那就痛痛快快地打，有时还要狠狠地打。

1941年8月27日《芝加哥每日新闻》刊发了其驻外记者乔治·韦勒几天前在布拉柴维尔对戴高乐将军的一篇专访。"英国害怕法国舰队。"戴高乐对记者说，"英国正在和希特勒做一笔战时交易，维希从中穿针牵线，实际上，这不过是敌对力量之间优势的彼此交换，英国和德国同意让维希政府存在多久它就可能存在多久。"如果作为一种分析，它还有可称赞之处。倘若作为一种政府姿态，这完全是胡说八道。

丘吉尔最早是从美国寄来的报刊提要中知道这篇文章的，看后他怒气冲天。他写信给艾登说："戴高乐肯定是疯了，这下总算摆脱他了，我们未来的事业也轻松多了。"他下令马上中止所有与"自由法国"的合作。

情报援助中止了，戴高乐也不能再在英国广播公司讲话了，所有关系一律中断。"不准任何人见戴高乐将军，假若他请求见阿·卡多根勋爵，不准阿·卡多根勋爵见他，谁也不能见戴高乐将军的下属。"总之，戴高乐将被完全孤立起来，让他"自食其

果"。

开始，戴高乐矢口否认接受过采访。不过损失已经产生了，他只得退一步，声明他的话被误解了。他否认说过英国害怕法国舰队的话，他还威胁说要把记者韦勒从"自由法国"所属非洲驱逐出去，结果都无济于事。

最后只好由伦敦的同事们出面帮他打圆场。戴高乐的政治秘书处处长莫里斯·德让去见德斯蒙德·莫顿，解释说戴高乐"没有政治经验，在政治上还是个不懂事的孩子。他需要受到教育，这件事对他影响很大，他再也不会发表类似的言论了。"

英国方面，艾登尽全力使丘吉尔平静下来。他说："戴高乐很可能是疯了。如果是这样，那么他会得到相应的处置。但是，若是他有悔改的意思，我希望你不要低估自己的力量，治好他的病。"

这番话说得十分巧妙，但是丘吉尔气得什么忠告都听不进去。

此时，戴高乐正在回伦敦途中。事实上，他对自己引起的这场轩然大波暗暗感到得意。没有比被人冷落更糟的事了。可能戴高乐感到他被冷落的时间太长了。到伦敦之前，在飞机上，他接到卡森和普莱文写的条子，表示他们的不快。起初他斥责他的副官库莱，怪他未经仔细审查就把文章送出去。后来他只好横下心来厚着脸皮撑下去。

双方的关系还在僵持着。英国人不和他讲话，甚至对他回到伦敦也不做出正式反应。"自由法国"人无论走到哪里，都有人对他们说，将军"犯了规矩"，在伦敦的外国记者中也流传着同样的话。

　　与丘吉尔会晤的问题被搁下了。丘吉尔明确告知："在没有收到你向我做出的解释之前，我无法确信我们之间的会面是否有意义。"

　　但戴高乐明白这种局面不能长期持续下去。联系渐渐恢复了。莫顿有意以非正式的方式到卡尔顿花园来看望他。轮到戴高乐做出姿态时，他先对梅特兰·威尔逊和斯皮尔斯一番指责，然后一反常态，故意称赞利泰尔顿和丘吉尔。他又以同样的方式给丘吉尔写了一封亲笔信。丘吉尔终于让步了，同意9月12日下午3点在唐宁街10号内阁会议室双方会晤。

　　会晤从闹剧到狂怒再到闹剧反复经历了几个阶段。戴高乐到来前，丘吉尔向他的私人秘书科尔维尔交待了他设想的会见程序。丘吉尔说，当戴高乐进来时，他只起立，微微鞠躬，但不握手。他不和他讲法语，而要通过翻译谈话。他对科尔维尔说："你就是那个翻译。"科尔维尔对此极其不快。

　　戴高乐准时赶到。丘吉尔适时起立，头轻微向前倾，示意他坐在内阁会议桌对面的座位上。戴高乐走过去，坐下，注视着面前丘吉尔，一句话也没有说。

"戴高乐将军，我请你今天下午来"。丘吉尔停下来逼视着科尔维尔。"我的将军"，他翻译道："今天下午我邀请你来"。首相打断他说："我没说'我的将军'，我也没说我邀请过他。"

几句话之后，轮到戴高乐了。他也觉得科尔维尔的翻译不太准确。科尔维尔只翻译了一句话他就插嘴说："不，不，我说的不是这个意思。"

丘吉尔说他们俩都很清楚，科尔维尔胜任不了，那么最好再找一位可以胜任的翻译来。科尔维尔退下去，打电话找来一位外交部官员，他的法语完美无缺。他们坐在内阁会议室里，一言不发。翻译很快到来，科尔维尔红着脸，不满地说他们肯定是疯了。

序曲过去后，两人开始谈他们之间的争吵。丘吉尔告诉戴高乐，将军在近东和非洲留下了恐英足迹，特别是那篇伤害感情的文章发表后，他感到现在面对的不再是一位朋友了。这是非常严重的问题，丘吉尔感到很痛苦。

戴高乐回答说，不能真的坚持认为他是英国的敌人。但是最近的几件事，尤其在叙利亚发生的事，使他的心境大受干扰，使他在心里对很多英国官员对他及"自由法国"运动的态度产生了疑虑。

这些事情，加上他个人地位的艰难处境，以及他的孤立，当然还有他容易激动的个性，使他说了那些肯定会使英国人不爱听的话。他说他愿意表示他"对这些言论的坦诚的愧疚之情。"

总的来说，这个道歉相当完美。戴高乐还承认，在他孤立的时候，特别是当他不在伦敦的时候，他总想创造出实际上不存在的魔鬼，他的性格过于敏感，常使他失去控制。这是勇敢的、令人惊讶的、他独有的自我分析。

随后，气氛迅速改善。谈话转到"自由法国"的组织上来。丘吉尔急于见到一个委员会，希望戴高乐倔强的个性会受到集体的制约。在戴高乐这方面，他同样急切地盼望他的同事们执行同一个方针，有同样的信念。于是他接受了丘吉尔的建议。

戴高乐将军现在全神贯注于"自由法国"的外交关系上。德国进攻苏联的"巴巴罗莎行动"，用戴高乐的话说，"为垮掉的法国带来了最大的希望。"而且，苏联加入盟军，给"自由法国"带来了与盎格鲁——撒克逊交往所需的"平衡物"，戴高乐"当然要好好利用它。"

他已经迈出了第一步。1941年6月22日，德国进攻苏联，两天后，戴高乐就从大马士革指示卡森和德让与苏联在伦敦的伊万·迈斯基"谨慎而又明确无误的"接触。6月28日双方会晤。虽然接待很热情，但俄国人正在建立一系列全新的关系，所以在外交上非常谨慎。迈斯基以与维希已存在的关系作为借口对此回避，很方便地排除了与"自由法国"的同时同等的联系。

苏联采取谨慎态度的真正原因完全是出于更实际的目的。俄国人正在与英国建立同盟关系，至少可以说，他们摸不清"自由法国"与英国的关系。另外，他们还认为"自由法国"不过是一个人的成就，而他们知道这个人不好对付。

8月，戴高乐派他的同事去见苏联驻土耳其大使伊万·维诺格拉多夫。这次戴高乐提出了一个积极的建议："自由法国"将派两、三名代表到莫斯科，以便建立即使不是正式的，也是直接的关系，免得事事都要通过英国。但是维诺格拉多夫的回答和迈斯基一样不太热心。

有两件事改变了苏联的态度。首先，维希中止了与苏联的外交关系。其次，戴高乐宣布成立民族委员会。这使英国人为之高兴。迈斯基对卡森和德让的再次来访反应积极。他说苏联将和英国一样。承认戴高乐是"自由法国"的全权领导人。

随后，在9月26日公布委员会成立的次日，莫斯科宣布任命前驻维希代表亚历山大·叶夫罗伊莫维奇·博戈莫洛夫为驻在伦敦的许多国家的流亡政府及"自由法国"大使。迈斯基给戴高乐写信说，苏联保证战后"恢复法国的独立和完整"。许诺清晰明了。

美国对民族委员会的成立反应则完全不一样。美国人谨小慎微。国务院获悉这一消息后表示"赞赏"，这比以前根本不理睬"自由法国"好多了，但很难说让人鼓舞。

1941年12月7日，日本偷袭珍珠港，11日德国和意大利对美国宣战，采取行动的时刻到了。这是将军重新确立他作为法国惟一领袖地位以及与强大的新盟友建立真正的朋友关系的机会。但是，他没有这样做。

让人不可思议的是，同华盛顿的愿望相冲突，他用武力占领了距加拿大海岸不远的两个无名小岛。没有什么能比他这样做更能激起美国的愤怒，结果果然这样。

此前在戴高乐抵达伦敦时，曾经专门向法国国防部发了一份电报，内容大致说他已到达伦敦，并根据雷诺的指示正在与英国人磋商。他在电报中说：

第一，一切由美国政府向盟国提供的军备物资均将储存在英国领土，这不影响已经协议的或即将协议的分配方案；第二，目前在法国的德国战俘将在波尔多移交给英国军事当局。

关于英方就德国和北非间人员和物资的运输提供援助问题，我已向英方要求从6月19日起，在三周内援助50万吨位的轮船。我现在处于无权地位，我应否继续磋商？

然而，投降主义葬送了法国。5月间，德国绕过法国的马其

诺防线，攻入了法国。马其诺防线是法国陆军部长马其诺在任期间修筑的一条法国东部边境的防御阵地体系。防线内堡垒林立，地下筑有坚固工事，还有地下铁道、隧道公路和各种生活设施。

马其诺防线被法国人视为安全的保证，是"万无一失"的坚固屏障。德军顺利地绕过马其诺防线，攻入了法国。毫无戒备的法军一触即溃，法国首都巴黎危在旦夕。6月14日，德国未发一弹就占领了巴黎，接着深入法国境内。

此时，以贝当为首的政府已经做出了投降的决定，戴高乐所请示的有关抗战的事情也就无关紧要了。戴高乐接到的复电是召他回国的"命令"。

无奈之下，戴高乐立即给魏刚复信说：

> 只要不投降，我愿意参加可能组织起来的任何法国抵抗力量。

6月22日下午，法国代表和凯特尔在停战协定上签了字。这个消息震惊了全世界。全世界的人民都触目惊心地注视着法兰西这颗伟大明星陨落，绝大多数法国人听到广播后都怆然泪下。

戴高乐将军的"六·一八"宣言激励了3000万法国人民的心灵。他们在失败的痛苦中重新昂起头来。巴黎的学生在凯旋门集会，表示他们对戴高乐的热烈拥护。

法国的贝当政府对戴高乐将军恨之入骨，他们在法国军事法庭对戴高乐将军进行缺席审判，徒刑从四年直至死刑。

　　然而，戴高乐将军高扬"自由法国"的旗帜，在伦敦再一次发表声明，严正指出法国政府已完全丧失了正统性，并正式宣布成立"自由法国运动"，号召把"自由还给世界，把荣誉归还祖国！"

　　戴高乐的事业，在开始时得到的最重要的支持来自英国。6月23日英国政府就发表了公告，不再承认贝当政府是法国的政府。

　　6月28日，英国政府正式宣告：英国认为戴高乐将军是世界各地的自由法国人的领袖，为前来投奔戴高乐的人提供方便。

　　这样，历史的大潮把戴高乐推上了一个非常独特的境地。到底应该由谁来代表法国？当时谁也无法作出权威的回答。但世界是只相信强权，相信实力的。

　　戴高乐深知这一点。他对此曾有一句名言：

　　　　我力量有限，孤立无援。但正因为如此，我才必须爬上高峰，永不后退！

　　戴高乐更加努力地四处奔走，一面和挪威、荷兰等国在伦敦的流亡政府联系，取得他们道义上的支持，一面加紧招兵买马。

　　"自由法国"总部设在泰晤士河畔的一座大厦里，这里是戴

高乐向英国政府借的白城体育馆，作为招兵基地，和那些逃难到英国各地来的法国人见面。

戴高乐在简陋的办公室里接待从各地来的关心"自由法国"的人们。他用他那犀利的目光、坚定的手势和清晰、粗犷的声音鼓动这些没有依靠的法国人。他说：

> 如果希特勒来伦敦，他也许早已来了；我认为俄国将先于美国投入战争，不过苏美两国都会介入战争。希特勒想的是乌克兰，他征服不了俄国，而这将是他失败的开始。

> 法西斯的侵略会激起全世界愈来愈多的国家的人民的反对。我们暂时虽说还有许多困难，但是我们的事业是正义的。正义的事业一定胜利。法兰西这个国家一定会在我们手里重新获得解放而且进一步发扬光大！

戴高乐坚韧不拔的意志和强烈的爱国情操，深深地感染了每一位和他见面的爱国志士。在他"六·一八"广播呼吁后时间不长，已有几百人集合到了他的旗帜下。

6月29日，戴高乐到利物浦附近的特伦特姆公园活动，招募了外籍军团第十三旅两个营，200名阿尔卑斯山步兵，一个坦克连的三分之二，以及一些炮兵、工兵和通信兵。几天以后，又有两艘潜艇和一艘巡逻艇宣布拥护他，驻在圣阿塔恩的几十名飞行员组成了他未来空军的核心。

6月30日，海军中将埃米尔·米塞利尔来到伦敦，表示支持戴高乐。同时，在利物浦附近驻扎的法国阿尔卑斯山轻步兵师内服役的军官，如安德烈·特瓦福兰上尉和哥希尼上尉及蒂耶里·达尔尚里尼海军上将也投奔了戴高乐。

募兵工作虽然不如想象的那样一帆风顺，但到7月14日法国国庆日那天，第一支"自由法国"的队伍终于组织起来了。

7月14日是法国的国庆节，清晨，戴高乐将军检阅了首批

▲在伦敦检阅抵抗运动部队

"自由法国"的战士。上午，拥有7000多人的自由法国战斗队齐集白城体育馆。戴高乐全副戎装，威严地站在台阶上，他的身后是一幅巨大的"一战"英雄福煦元帅的画像。

在伦敦公众赞许的目光下，一列列方队英姿勃发地走过主席台。戴高乐默默地注视着这支年轻的队伍，可以感到他冷峻的外表下燃烧着一团烈火。他的心灵深处清楚地意识到，他必须团结和依靠他们肩负起光复祖国的使命，任重而道远。

这是戴高乐和他的部队第一次在伦敦公开亮相。这是对德国人和维希政府的首次公开挑战。紧接着，首批自由法国飞行员参加了对德国卢尔区的轰炸，标志着法国重新投入了战斗。戴高乐将军组织了这次行动并发表了有关这次轰炸取得胜利的消息。

8月，戴高乐将军率领一支英、法联合舰队向法国进攻，不幸失败，但戴高乐将军并不屈服，他以顽强的精神继续战斗。他在泰晤士河畔的胜斯蒂文大厦安置了自己的办公室。

现在，自由法兰西政府已经初具规模。8月7日，《丘吉尔—戴高乐协议》向全世界发表，协议载明戴高乐是自由法国武装力量的最高统帅。但协议中写明戴高乐也要听取英国统帅部的一般指示，而且协议也没有按照戴高乐的要求，明确英国要对恢复法兰西帝国的疆界作出保证。

戴高乐由此感到他不能完全依靠英国，必须到非洲殖民地去寻找更广阔、更坚实的基地。戴高乐决心为他所首创的自由法兰西选择一条独立发展的道路和一个更坚实可靠的基础。

10月24日，戴高乐到达布拉柴维尔。这时，"自由法国防务委员会"的人选已经就绪了。10月27日，是继6月18日后另一具有历史意义的日子。这一天，戴高乐发表了有名的《布拉柴维尔宣言》。

《布拉柴维尔宣言》指出：

> 设在维希的贝当政府已经沦为敌人的御用工具。因此，必须建立一个新的政权来承当领导法国投入战争的重担。

宣言最后说：

> 我们将为了法国去完成这项伟大的任务，竭诚为它服务，确信取得胜利。

防务委员会行使政府的职能，自由法国从此有了它的政权机构。1941年9月21日，戴高乐所领导的第一任自由法国全国委员会，像一个政府那样堂而皇之地组织起来。

委员会不仅健全了经济、财政、外交、军事、司法、教育等政府机构，而且任命了部门官员。戴高乐自然成为委员会主席，

即当然的政府首脑。

至此，戴高乐完成了3件在法国现代史上有转折意义的大事：第一，从法国沦陷的第一天起，他还只是孤身一人的时候，就以大无畏精神高擎起抗战的旗帜，向法国人民发出了救亡的战斗号召；第二，由于他代表了民族利益，所以很快赢得了一批军政人员的支持，在广漠的西非各地树起了"六·一八"的旗号；第三，在不长的时间里有了一支为自由法国所用的武装力量，不仅有陆军，还有空军和海军。这一切都给年过半百的戴高乐提供了施展才华的广阔天地。

领导全线抵抗

　　1941年圣诞节前夕，"自由法国"海军上将米塞利尔指挥一支"自由法国"小型舰队，驶进圣皮埃尔小岛的码头。圣诞节那天，他举行公民投票，宣布一致拥护戴高乐，并立即声明该岛及相邻的密克隆岛为"自由法国"的一部分。这件事本身并没有什么特别严重的后果，但它发生在美国刚刚宣战后不久，无异于挑衅。

　　消息迅即传到华盛顿。丘吉尔正在那里与罗斯福就重大战事问题举行会晤。由于美国已正式成为交战国，这些问题都可以公开讨论了。起初两位领导人想对此事置之不理，但国务院的愤怒扰乱了他们的平静。

　　科德尔·赫尔怒不可遏。他马上发表声明说"'所谓的'自由法国'船只在圣皮埃尔与密克隆群岛的行动是武断行为，有悖于有关各方的协议。"他对总统说这次行动给德国提供

了一个占领北美的极好的借口；也许是英国人在幕后怂恿戴高乐。他给艾登写信说这一事件危害了美洲国家间的关系。群岛面积微不足道，战略地位极其有限，赫尔的话有点上纲上线。

对赫尔不利的是，米塞利尔的船上碰巧有一位记者。他撰写了一系列报道，详细描述了这次英雄主义行动。这些报道在《纽约时报》上发表。报道的感伤情调深深打动了美国人，使他们回想起自己"荒凉的西部"歌谣。

不管什么原因，他们为"自由法国"的精神所感动。国务卿对这些自由勇士们的斥责激起了他们的愤怒。后来几天中，赫尔

▲1941年3月，丘吉尔与戴高乐检阅英国坦克部队

收到大量来信，多数写着"给所谓的国务卿"或"给所谓的国务院"。他竭力解释他的所指的是船只而不是"自由法国"，但一切无济于事。

赫尔没有被吓例。他急切地询问加拿大将如何采取行动。对方回答并不积极。麦肯齐·金首相不为所动。他暗示说，加拿大人对"自由法国"的成功感到欣喜。赫尔又缠住丘吉尔让他命令戴高乐从岛上撤军。

丘吉尔并不热心，他清楚地知道那样做至少会导致同戴高乐的激烈争执，而且很可能引起英法关系的破裂。这正是他绝对不想发生的。实际上戴高乐已赢得了美国公众与英国公众的支持。

戴高乐将军在伤口上又撒了一把盐。他给丘吉尔写了封私人信件，非常合乎情理地指出，美国国务院的态度挫伤了法国的士气。他说："我看这不是一件好事，在战争期间，奖章不应颁发给那些耻辱的使徒。"他完全掌握了激怒丘吉尔的方法。丘吉尔对耻辱极其敏感，无论它在哪里发生。

这番话促使丘吉尔在加拿大议会联合会议上的讲话中竭力替"自由法国"和戴高乐辩解。他热情洋溢地说："他们被维希的人判处死刑，但是他们的名字在曾经充满欢乐和微笑着的法国大地上，在百分之九十的法国人民心中越来越受到尊敬。"戴高乐对此当然感到高兴。

但是赫尔仍不罢休。他以辞职相要挟，促使总统认真考虑他

的意见。可能是对这件事不胜其烦，罗斯福给仍在北美的丘吉尔施加压力，敦促他采取行动。于是丘吉尔与戴高乐之间开始了长时间的商谈，艾登在伦敦做中间人。

丘吉尔告诉艾登"自由法国"必须离开群岛，他写道："你把话说得多么动听都可以，只要让戴高乐接受。"戴高乐马上想出了对策：正式撤退可以，但是协议中必须有一项秘密条款，保留米塞利尔在磋商委员会中的作用。这让丘吉尔难于接受，他说艾登令人惋惜地输给了戴高乐。

丘吉尔回到伦敦后，把戴高乐叫到唐宁街，狠狠地批评了他一通。丘吉尔指责戴高乐违背诺言，不顾及盟国的利益，以及其他种种不妥之处。他要求对方做出解释。

而戴高乐无心解释，实际上也没有解释。除了对丘吉尔放在他面前的和解公报的内容提一两个问题外，戴高乐一直一言不发。

丘吉尔感到十分惊讶。戴高乐站起来，有礼貌地请求离去，然后微微一鞠躬，没说什么就走了。戴高乐的表现让丘吉尔非常满意，喜气洋洋地对罗伯茨说："他做得棒极了，连我也做不到那么得体。"

正如戴高乐所写的那样，这最终实质上是给科德尔·赫尔和国务院留个面子的问题。暴风雨来得快去得也快。尔后，一份没有公开发表的和解公报中提到组成一个不包括米塞利尔和维希官员的磋商委员会，也提到"自由法国"船只撤离。

赫尔暂时不再追究，但他不会忘记这件事，也不会让人当傻瓜。无论对这件事怎么看，罗斯福也不愿看到他的国务卿被人愚弄。为这事付出的代价将来会更高。

1942年2月28日，当时的英雄，海军上将米塞利尔回到伦敦，戴高乐将军亲自到海斯顿飞机场迎接。戴高乐在表示祝贺时提议让米塞利尔完成另一次冒险，解放马达加斯加。戴高乐又说希望他除掉穆莱克。穆莱克曾参与"萨沃伊阴谋"，众所周知，他是米塞利尔最亲密的同事。

圣皮埃尔与密克隆群岛的征服者当然不能干这种伤天害理的事。3月3日，他来到卡尔顿花园的民族委员会会场，宣布辞职，举座震惊。他还告诉大家，德让向英国保证未经他们同意圣皮埃尔与密克隆群岛行动不得进行，而戴高乐向他隐瞒了这一真相，他还拿出备忘录来证明这一点。最后，发出了"辞职"与带走"他的"舰队的恫吓。

这是第三次米塞利尔危机。前两次危机的宿将艾登、卡多根和英国海军部，这次又准备乘机给戴高乐制造麻烦。3月5日，戴高乐任命菲利浦·奥布瓦诺接替米塞利尔。次日，英国战时内阁开会，决定保留米塞利尔"自由法国"海军总司令之职，如果戴高乐将军不同意，他们就自己采取必要行动。

艾登招来戴高乐，告知他战时内阁的决定。不出所料，会见不欢而散。戴高乐是块不吃软的硬石头。

　　这或许是戴高乐在这场战争中遇到的最严重的一次内部危机。米塞利尔毕竟是总司令，而且公开违抗命令。3月10日，戴高乐想在威斯敏斯特大厦对"自由法国"海军军官讲话，米塞利尔拒绝让他单独这样做，坚持讲话时自己也要在场，戴高乐给他放20天假让其离开，米塞利尔拒不离开。

　　戴高乐想方设法才争过来3名高级军官，其余都忠实于米塞利尔。3月11日，他请求英国政府秘密逮捕米塞利尔，没有得到答复。抑郁的情绪又一次笼罩在将军心头。像在米尔斯克比尔和达喀尔事件后一样，他又想放弃自己的事业了。

　　他离开伦敦，呆在家里，在郁闷中静观事件的进展。他甚至交给他最忠实的同事勒内·普莱文·安德烈·迪耶特尔姆和弗朗索瓦·库莱一份秘密政治遗嘱。上面写道："倘若我必须放弃我从事的工作，那么一定要让法国人民知道其中的原因。"

　　接着讲到英国对米塞利尔危机的干涉。他最后写道："法国已经理解了我为她做的每件事的路线和方法。如果我不干了，那是因为我对她的责任使我不能继续干下去，她也会理解的。她会选择其相应的道路。我虽然不在了，但法国将永远长存。"

　　米塞利尔的过激行为砸了自己的脚。3月19日，他号召"自由法国"海军罢工。英国害怕了。他们认为这是煽动兵变。海军部匆忙采取行动断绝与兵变者的关系。

　　3月23日，戴高乐获悉英国政府不再坚持让米塞利尔保留其

"自由法国"总司令的职位。米塞利尔的最后一次，也是决定性的危机过去了。戴高乐胜利了。米塞利尔停止了与"自由法国"的一切合作，实际上，他站到了戴高乐的对立面。

这次危机够玄了。现在戴高乐再次回来，可以把注意力转向其他方面了。在他认为情况不妙，英国人正发起一场运动赶他下台时，戴高乐写下了他的政治遗嘱，其中强调了"法国"的作用。既然他已经回到卡尔顿花园，危机也已经成为过去。

实际上，戴高乐对1942年在真正的法国发生的事知之甚少，就如同1940年他对真正的英国和后来对真正的美国不甚了解一样。他所受到的教育中也没有讲到当代法国的问题。戴高乐从小到大都生活在一个城市，那就是巴黎。除了童年时在多尔多涅度过假，除了军事行动和住院之外，他也从未涉足过巴黎以南的辽阔的法国。

难怪1942年3月当"法国抵抗组织"的领导人之一克里斯蒂昂·皮诺来到伦敦，在卡尔顿花园访问戴高乐时，戴高乐让他坐下："给我讲讲法国吧。"听完法国抵抗运动的汇报，戴高乐只是批评盟国对法国的不公平，支援太少。其它他什么也没有和皮诺谈，因为他不了解法国国内的状况。不过他开始学习了。

起初，法国非占领区的生活还可以。贝当仍受欢迎，人们认为他没有"允许"德国人占领整个法国，经济状况也不错。当然也有希望抵抗的人，他们找到了自己并无恶意的表达方式。他们

往往以原始的复印形式出版时事通讯、组织小规模游行。这些活动不费力，也没有什么危险。

这一地区的组织逐渐携手联合。到1941年末，已有三个主要组织，各有成员2万到4万人，此外还有一些小组织。最大的一个组织是"战斗"，主要由左翼天主教徒组成，受亨利·弗勒奈，被称为"沙尔韦"、皮埃尔——亨利·泰特让，即著名的"特里斯坦"和知治·比多领导的委员会领导。

另一个左翼组织叫"解放"，由维格利的埃马纽埃尔·达斯捷领导，他的目的是鼓动无产阶级起来造反，他也是第一个组织纯游击队武装的人。第三个组织是"法国射手和法国游击队员"，由来自巴黎的反教权主义的激进分子，如巴耶、法尔热和历史学家马克·布洛克等领导。这些组织集中南部抵抗运动的中心里昂，各组织之间互相保持联系。

在北部被占领区，从事抵抗活动要冒生命的危险。在那里，抵抗不仅是激发法国同胞的问题，而且是性命攸关的问题，甚至是先折磨后死去的问题。

首先，抵抗意味着使占领者生活得不舒服：在地铁里给他们指错方向，汽车司机不在他们想下车的地方停车，商店里故意卖给他们劣质产品。这些做法造成的损失不大，也不很严重，但那里的人们还没有被发动起来，还缺少干大事的气概。

慢慢地，一些小的抵抗组织建立起来了。为了使一名成员被

捕时不致株连到许多人，抵抗组织不得不建成小规模的。在盖世
太保的严刑拷打下有些人很难坚贞不屈。德国人实行了一套残酷
而有效的警察制度，所以被捕的事常常发生。

例如，有一个叫"国家公安委员会"的组织，成立于1940年
12月，1941年2月被德国人发现，有7名成员被处死。重新组建后
两个月又被侦破，又有两名成员蒙难。11月再组织起来，又有6
人被枪决，6人被残酷地绞死，其余的人被送到德国。

1941年底，苏联加入了对德战争，法国国内的局势发生了变
化，英法两个情报部门不得不做出调整。分散的反抗者组织的抵
抗运动逐渐地结成统一战线。共产党作为最团结一致的战斗组织
现在可以正式组织起来反对德国人了。他们多年来以推翻资本主
义为目的发展起来的地下体系现在把矛头对准了第三帝国。

共产党成立了"民族阵线"，要把一切可以团结的力量团结
起来。"民族阵线"的领导人是夏尔·狄戎，来自西南地区的共
产党官员。"法国射手"仍为游击队武装。两个组织同时在南
部和北部活动。实际上，"民族阵线"在北部由皮埃尔·维永领
导，在南部由乔治·马拉纳领导，他们是战争后最有影响的抵抗
组织。

即使有共产党加入，抵抗运动组织仍不太协调，而且不是每
个人都喜欢共产党人，因为共产党人习惯于渗透到别人创办的组
织中去，还把这当做自己的责任。例如，在北方活动，主要由战

士和公务员组成的"军民组织"就不与共产党人交往。另一个以工会为基础、由社会党人克里斯蒂昂·皮诺领导的北方组织"北方解放"也同共产党保持距离。

显然，这一混乱局面必须要整顿。看来这件事要由戴高乐来做了。"自由法国"威信很高，因为他们拒绝接受和谈，他们反对德国人也反对维希。此外，"自由法国"由莫里斯·舒曼主持的在英国广播公司做的广播，在法国有广大的听众。

那低沉的声音发表的奇怪消息——"蒲公英不喜欢沙丁鱼"或"圣诞老人穿着粉红色衣裳"——不仅对英国特别作战部和法国情报及军事行动中心的情报人员来说是个联络信号，对抵抗组织也是如此。

1941年11月，戴高乐挑选穆兰负责把南方抵抗运动组织统一起来。1942年元旦，穆兰被空降到法国南部的阿尔斯附近，化名"雷克斯"，随身带着一个火柴盒，里面装着将军给他的委任状："我任命巴黎市政长官，让·穆兰先生作为我的代表。"

穆兰的工作不仅困难重重，而且极有危险。人们不信任戴高乐，也不信任英国，抵抗组织成员之间也彼此不信任。不过，到1942年4月底，穆兰成功地建立了戴高乐将军在法国的总代表团。

这样戴高乐代表整个抵抗组织就名正言顺了。此外，更有实效的是，成立了三个委员会来协调抵抗组织的活动。它们是"秘密部队"、"情报和新闻局"以及"全面审查委员会"。"秘密部队"是法国解放运动的核心，"法国射手"专门负责游击行动。"情报和新闻局"负责传播和宣传工作。"全面审查委员会"为战后的法国作准备。

穆兰的活动使北方抵抗组织的领导人想与戴高乐接近。1942年3月，克里斯蒂昂·皮诺来见戴高乐，其后皮埃尔·布啰唆莱特与安德烈·菲利普也紧随而至。"自由法国"成了法国抵抗组织的依靠。

皮诺回到法国，给其战友带来戴高乐的话，表扬他们"为古老的法国的理想：自由、平等和博爱做出了贡献"，这足以使他们加入穆兰的联合计划。这一计划已开始向北方扩展。

菲利普到伦敦后，被任命为民族委员会的内务委员，它确定了抵抗组织和"自由法国"之间的新关系。这可不是件容易的事。对共产党人来说就更不容易了。情况在不断地变化，问题也很多，好在"自由法国"总能把握住局势。

开拓非洲反侵略基地

在努力使"自由法国"获得国际重视的同时，戴高乐还千方百计使政治和行政机构的雏形活动起来。

这时，戴高乐得到了一些杰出人物的支持：卡什教授作为他的助手，从无到有地建立起许多协议和公文；安东尼负责管理初期的内政部门的行政事宜；普利文和丹尼斯负责管理微薄的财源；舒曼担任了无线电广播的自由法国代言人；拉毕和艾兹加莱负责和外交部各部门以及欧洲各流亡政府联系；宾兹则与同盟国妥善地解决了法国商船和海员的使用问题。

此外，年轻的特瓦福兰上尉以"帕斯"为化名，白手起家地创建了一个颇有能量的秘密情报网络。在处理军事问题方面，戴高乐还拥有了一批得力的参谋。

就是这样一批被敌人诬蔑为叛徒、丑恶之辈和冒险家的人，在自由法国崇高事业的鼓舞下，不惜赴汤蹈火，一直追随着戴高乐为祖国的解放而战斗。

到了这时候，戴高乐意识到他必须去开拓非洲了。两个月前，他还在费尽心机地苦谏政府和最高统帅部去领导非洲那辽阔的法属殖民地，开拓反击德国侵略者的基地。现在，这个责任已经责无旁贷地落到了他自己的肩上。

戴高乐冷静地分析那里的形势：在北非，诺盖将军抵制投降达3天之久，但终于屈从于事实。刚果总督布尼松起初也反对投降，但当他被维希政府提升为高级专员时，马上改变了态度。

乌班吉人虽然赞成抗战，但得看布拉柴维尔方面的眼色行

▲卡萨布兰卡会议期间戴高乐将军与他的士兵们

事。加蓬保持沉默，然而沉默中却怀有敌意。

只有喀麦隆和乍得两处使人振奋，他们对投降非常愤慨，尽管总督布吕诺不愿表态，但公共工程局长莫赖尔成立了一个行动委员会，宣布支持"自由法国"。乍得黑人总督艾布埃对纳粹的种族歧视深恶痛绝，他表示随时准备公开声明支持戴高乐。

全面分析了形势之后，戴高乐决定先从有利的乍得、喀麦隆和刚果入手，使他们归附"自由法国"。他派精明的勒让蒂约姆将军先赴索马里半岛，而后派帕朗少校、普利文、勒克莱恩和内阁总管艾布埃·特布瓦蓝贝耳前往赤道非洲。这些能干而忠心为国的年轻人很快就使鲁林十字旗帜升起在乍得和喀麦隆的上空。

下一步是刚果、乌班吉和加蓬。而这实际上就是要把赤道非洲的首府布拉柴维尔夺下来。这一次，戴高乐派出了一位杰出而才思敏捷的军官德拉米纳上校。到月底，这几位年轻人都非常出色地完成了任务，而且没有流一滴血。

然而，在另一处战略要地达喀尔，戴高乐却受到了从"自由法国"成立以来最惨重的挫折。

位于非洲大陆西海岸的达喀尔一直是戴高乐想要征服的地方。控制了这个地方就控制了塞内加尔和法属西非的其他地区。尽管他非常痛苦地意识到，要避免法国人同法国人之间兵戎相见是很难的，因为驻军是维希政府的部属。

但他决心要避免大规模的战斗。他计划派遣一支小部队在法属几内亚的科纳克里登陆，从后方逐步逼近达喀尔，并在沿途扩充力量，争取各方支持。但要使这个计划实现，就必须请英国提供海上支持，否则这支远征小部队很快就会被维希政府的海军消灭。于是，戴高乐把他的计划透露给丘吉尔，希望得到他的帮助。

戴高乐应邀来到丘吉尔的官邸唐宁街10号，与丘吉尔一见面，丘吉尔就开门见山地反驳了戴高乐的计划，认为那样将会把一支英国舰队滞留在非洲好几个月。

接着，他提出了一个更富于想象力的方案。他以他那特有的文学家的气质，为戴高乐眉飞色舞地描述了这么一幅达喀尔的黎明景象。

人们从忧愁和疑惧中醒来，看到海面上已布满了战舰。上百艘舰艇徐徐驶近，一边前进一边播送着表示友谊的声音。有些船上飘扬着法国的三色旗，有的则挂着荷兰、波兰、英国、比利时的国旗。从这支盟军的舰队里驶出一只不带武器的小船，上面挂着谈判的白旗，载着戴高乐将军的私人代表开进港内。

他们被带去会见总督，给他施加了点友好然而坚定的压力：是合作，还是进行一场力量悬殊的战斗？这时，自由法国和英国的飞机将飞临城市上空；洒下劝告的传单。总督当然得装装样子放上几炮，但不会再打下去。

到了晚上，他，总督先生，就要和戴高乐将军共进晚餐，为

最后的胜利干杯啦!

丘吉尔的热情产生了特别效果,戴高乐认为这个计划本身也很有道理,挺合乎"避免大规模流血"的初衷,因而同意了这个意见。于是,在英国海军上将约翰·卡尼安的指挥下,戴高乐的远征部队从利物浦出发了。

戴高乐乘坐着悬挂法国国旗的"韦斯特兰号"军舰,斯丕尔兹将军站在他身旁,兴致勃勃地向前驶去。望着茫茫大海,戴高乐将军心潮起伏,他的脑海里不时地闪现出丘吉尔为他描绘的那幅美好的图景。

然而,丘吉尔先生所描绘的那幅美好图景已经注定不会出现。首先,是丘吉尔先生应诺的"上百艘舰艇",到临行时,只剩下四艘巡洋舰、两艘旧式战列舰、几艘驱逐舰、一艘航空母舰和一艘油船,此外,就是载着戴高乐两营海军陆战队的3艘运输舰,总共20来艘舰艇。

另外,最大的失误就是泄了密。法国人各抒己见、自由散漫的天性使他们根本意识不到机密乃是军事行动的生命。在准备远征的20天里,人们公开谈论,一些自由法国军官在酒店里大叫大嚷"为达喀尔干杯"、"为胜利干杯",而此刻,轴心国的间谍却几乎无处不在。

所以,当戴高乐的远征部队还在海上航行时,维希政府已派出一支由3艘巨型巡洋舰和3艘轻型巡洋舰组成的强大舰队到了达喀尔，之后还得到了"普利茅斯号"巡洋舰的增援。同时，还有一艘法国海军引为骄傲的巨型军舰"黎塞留号"此时正泊在达喀尔！

倒霉的事情接踵而来。经过漫长而曲折的航程，这支英法联合舰队于9月17日到达福利顿。在此之前几天，他们得到了一个令人担心的消息：

一支强大的维希舰队，由"光荣"号、"乔治·莱格"号和"蒙德卡耳姆"号等三艘新式巨型巡洋舰，以及"幻想"号、"无畏"号和"马林"号等三艘轻型巡洋舰组成，自图伦起航，安然驶过直布罗陀海峡，正沿着西非海岸南下。英国和"自由法国"的舰队到达福利顿时，这支维希舰队已经到过达喀尔，得到"普利茅斯号"巡洋舰的增援，而后向南驶去。

在敌情发生变化的情况下，戴高乐决心继续执行既定的达喀尔计划，他所担心的是赤道非洲沿岸各领地会被维希的这支舰队吓倒。于是，舰队于21日起航，继续向达喀尔航行，两天后在拂晓时分终于抵达目的地。

此时又碰上了一桩倒霉的事情。要想取得丘吉尔所设想的那种戏剧性效果，就得有极好的能见度，这样对方就可能看见英法舰队而被吓倒。

不巧，天公不作美，一场当地罕见的浓雾使人们什么也看不见。戴高乐派出的使节遭到炮击，两人重伤。于是，英国战舰和

海岸炮台交火，对打了一阵之后，决定让戴高乐在达喀尔附近的小港律菲斯克登陆。但由于大雾弥漫，一片混乱，又遇到岸上的抵抗，他们便放弃了这一计划。戴高乐伤心地认为，这次行动应该就此作罢。

达喀尔行动计划失败了，戴高乐感到就像发生了一场地震，住房倒塌，瓦块噼里啪啦地砸在头上。他说："只有接受失败的人才会失败！我不能、也没有权力接受失败！输了这一次，我还可以打下一次。"

这次失败给"自由法国"运动造成了不可估量的损害！它严重影响了戴高乐的声誉，使西非和北非早日站到"自由法国"一方的希望破灭，许多法国人因此而不愿相信、投奔戴高乐，而且使更多的敌视他的事业的人幸灾乐祸。

在英国，丘吉尔也因此而大丢其脸。失败使许多人认为自由法兰西人不值得信任，陆军部和海军部许多人都以此为由在日后制订行动计划时将"自由法国"人士排除在外。

更具破坏性的是在美国引起的反响：罗斯福总统在行动开始前表现了极大的热情，但行动失利却给他留下了永难磨灭的印象。

当戴高乐来到杜阿刺时，勒克莱恩在此地举行了盛大的欢迎仪式，表现了对"自由法国"的热忱。他的盟友和支持者们也纷纷在这关键时刻向他伸出了理解、支持的手。

丘吉尔先生在英国下院大声疾呼：他比任何时候都更加信赖戴高乐这位坚韧不拔、临危不惧的将军。德拉米纳上校和勒克莱恩少校则给他发来了热情洋溢的电报，重申他们的忠诚。

　　而他的老朋友，印度支那总督卡鲁特上将，也即专程赶来和他会面，当众忠诚地表示"接受您本人的领导"。

　　这一切，使戴高乐万分感动，也使他为国尽忠的信心更加坚定。他暗下决心：一定要"无愧于不屈不挠的法兰西的象征！"

果断处理"米塞利尔"事件

在戴高乐领导自由法国初期发生的三次"米塞利尔事件"，都引起了内政外交上的大地震，也更增添了这位巨人的传奇色彩。

海军上将米塞利尔是首批投奔戴高乐自由法国的人中军衔最高的将领，也是一个具有"难以相处"性格的人。他到伦敦时年已花甲，但胡须墨黑，两眼炯炯有神，整天轻松自在，显示出一副大海盗气派。在他的专业领域，他确实很有才干，所以戴高乐任命他为自由法国海军司令。

然而，米塞利尔却是个权欲心重且死要面子的妄自尊大的角色。他认为自己的军衔级别比戴高乐高，但到伦敦后却在政治上和军事上都成了戴高乐的下属。他一直心怀不满，经常干出些超出职权发号施令的事，在自由法国内部很不得人心。

1941年元旦清晨，这位海军上将突然被英国当局逮捕。英国情报局获得了三份文件，第一份说明米塞利尔把远征达喀尔的计划出卖给了维希当局；第二份则是他企图把"苏耳可夫"号潜艇交给维希政府的计划；第三份是他因破坏了非洲海军部队的招募计划而获得2000英镑偿金的证明。

因为当时戴高乐正在乡下与妻儿过元旦，丘吉尔断然决定，立即把米塞利尔和他的几个部下投入监狱。

这件事不论真实与否，都是无视自由法国主权的行为。戴高乐第二天上午才得到英方通报，当即表示了极大的愤慨，并要求英方立即放人。

但丘吉尔盛怒之中，谁的意见都听不进，嚷着"真想立即把他吊死！"3天后，戴高乐又向斯丕尔兹将军递交了一份备忘录，指出那几份证明海军中将有罪的文件是伪造的，英国方面这才着了慌，加紧了调查。

1月8日，戴高乐向英国发出最后通牒，要求立即释放米塞利尔将军，否则，"自由法国"不惜断绝与英国的一切关系！但这时，英方已经查明，这些文件确实是两名与海军中将有私怨的情报官员伪造的。

为此，英国方面只好十分尴尬地释放了米塞利尔，丘吉尔亲自登门向戴高乐赔礼道歉，并把两名谍工交由戴高乐处置。戴高乐当时也许原谅了此事，但他一直耿耿于怀英方无视自由法国主权的做法。不久，他下令把所有为自由法国工作的英国籍人

统统解雇，英法两方在外交上费了好大劲才使这位执拗的将军收回成命。

　　第二起"米塞利尔事件"发生在这年9月。这件事的背景是英方对戴高乐的寸步不让、毫不妥协的强硬态度越来越感到不耐烦。他们认为戴高乐是靠英方的慷慨援助扶持起来的，他应当表现得"听话一点"。

▲戴高乐发表讲话

丘吉尔想建立一个正式的委员会来分散戴高乐的权力，以遏制他思想上越来越鲜明的"君主独裁"倾向。而自由法国内部，也有以米塞利尔将军为首的一伙人认为戴高乐患了妄自尊大的毛病。米塞利尔感到，要么必须换掉戴高乐，要么戴高乐必须改变自己的作风。

在英国人看来，米塞利尔在政治上属于"轻量级选手"，取代戴高乐当然是不可能的，但假如他的目的只是追求自由法国运动内部的民主化，则无可厚非。这种看法和建立一个委员会的建议无疑极大地鼓舞了那些人。

9月19日，密谋活动的关键人物在萨维饭店的一间雅座里共进午餐，米塞利尔在大量白兰地的刺激下踌躇满志地告诉他的朋友，他已经向戴高乐递交了一份照会，要戴高乐立即建立一个执行委员会，发表任何声明和作出任何有关政策的决定，都必须事先得到执委会的批准。

戴高乐将军担任这个委员会的名誉主席，他米塞利尔则出任拥有一切实权的副主席，一些最重要的职能部门则由在座的朋友们负责。

米塞利尔说，他已经要求戴高乐尽早答复，假如戴高乐拒绝这个方案，他将通知英国政府，他和他的舰队已完成战斗部署，随时可以参加战争！

午餐后，这伙密谋分子回到米塞利尔的公寓起草了一个详细

阐述该方案的法令，打算交给戴高乐签署和"英王陛下的政府批准"。

这种公开制造分裂的行径却不是丘吉尔所欢迎的，当然更别妄想戴高乐会屈从。其实戴高乐早已成竹在胸。他根本不理睬米塞利尔的"照会"和"法令草案"，而是在卡尔顿花园精心计划他的下一步行动。米塞利尔急不可耐，到了第三天晚上，他实在忍不住了，便约了另一个分裂分子拉巴特一起去拜会戴高乐。

戴高乐和颜悦色地告诉他们，建立一个委员会是毫无问题的，委员会的主席将由他本人担任。

将军欢迎米塞利尔和拉巴特加入委员会，但断然拒绝让莫莱取代帕斯。米塞利尔和拉巴特当即声明，他们不能接受由戴高乐继续独掌大权和帕斯独掌情报工作的方案，他们拒绝加入委员会。

利令智昏的米塞利尔以为这会迫使戴高乐让步。第二天早晨，他打电话给负责政治内阁事务的德尚，问将军是否改变了主意。德尚回答说，将军事实上正在准备宣布民族委员会的任命名单，其中不包括米塞利尔和他的同伙。

米塞利尔勃然大怒道：既然如此，海军将独立出来继续战斗！接着他竟通知英国海军部，他准备把"他的"舰队交给他们调遣。

戴高乐得知米塞利尔竟在分裂的邪道上越走越远，不免怒火中烧，但为了事业，为了团结，他还是给米塞利尔发了个义正词严的最后通牒：

　　你已通知我你的决定，即你本人及海军与自由法国决裂。你这样做是在滥用授予你的军事指挥权，是令人不能容忍的。我给你24小时的时间考虑，以恢复理智，重尽职守。

　　否则，我将采取一切必要措施，以保证你不致造成危害，并将你的所作所为公之于众，也就是说，你将受到人们的唾弃。我还必须通知你，我确信会得到我们的英国盟友的支持。他们承认我为自由法国的领袖。

接着，戴高乐拜会丘吉尔通报上述情况。丘吉尔震惊事情发展到这步田地，这显然是严重危害英法两国的共同利益的！当天晚上，英国内阁进行紧急磋商，决定尽最大力量调解。

最后，米塞利尔不得不屈服，宽容的戴高乐还是把他纳入了新成立的9人委员会，因为他毕竟是一位出类拔萃的海军军官，而且仍然能够在他的岗位上为自由法国效力。

最后一次"米塞利尔事件"是因为自由法国和美国的对抗引起的。

在北美洲的纽芬兰海岸有两个法属小岛，即圣皮埃尔和密克

隆。这两个不起眼的小岛，占有很重要的战略地位，美国和加拿大早就想控制它，却碍于老贝当的情面。

戴高乐早就想收复这两座岛屿，但这必须得到美国和加拿大的同意。当戴高乐向英国外交大臣安东尼·埃登通报他打算于1941年秋季动手时，埃登向他阐述了上述问题。得到加拿大的许可没费什么周折，但要取得美国的同意就完全是另一回事了。

自战争爆发以来，戴高乐一直对美国抱有极大的信心。同丘吉尔一样，他确信美国最终会参战，它的介入将起到决定性的作用。

与丘吉尔不同的是，戴高乐希望能利用美国抗衡英国对法国的影响。为此，他几次派遣使团去华盛顿，再三提出与美国国务院合作，甚至还提出同意让美军充分使用自由法国在非洲的海军基地。但是美国毫无反应。

在罗斯福总统看来，戴高乐却"仅仅是一个法国将军而已"。而法国将军，自从1940年6月22日法国签字投降，就已经失去了往日的荣誉和光彩。

▲戴高乐和丘吉尔

至于戴高乐这位特别的法国准将，据深受贝当影响的、美国驻维希法国的代表李海海军上将所提供的报告说，则不仅是"法国的叛徒"，而且还是"英国的傀儡"，甚至还带有法西斯独裁者倾向。

另外，达喀尔的败仗也足以说明他成不了气候。所以，罗斯福政府一直在以虽徒劳无功但却又令人钦佩的耐心讨好维希政权，根本不愿意理睬戴高乐。

1941年12月7日的珍珠港事件，终于把美国拖入了战争。戴高乐马上意识到了这一重大事件的意义。他对一位朋友说："大局已定。在这场战争中，没有谁能与美国的工业实力抗衡。"他还以他一贯的战略眼光预言说："从现在起，英国人如果没有罗斯福的点头将什么也干不成。"

美国坚决不同意戴高乐对圣皮埃尔和密克隆岛采取行动，另一方面却打算让加拿大派出人员管理岛上的无线电台。这样一来，一项军事计划又演变成了外国干涉法国领土的问题了。这当然是法兰西民族利益所不能容忍的。

于是，戴高乐于12月初命令米塞利尔海军上将去加拿大视察驻扎在那里的自由法国海军部队。到了圣诞节前夕，他便断然命令米塞利尔立即攻占那两个岛屿。

美国、加拿大、英国等相关国家的态度各不相同，戴高乐谁的面子都不能买。他认为：一个人可能有朋友，但一个民族却不

可能有朋友！而自己，则已经是民族利益的保护人了。所以，他绝不能妥协。后来经过多方斡旋，最后默认了两岛的现实。

不料那位不甘寂寞的海军上将米塞利尔又莫名其妙地挑起事端，并迅速把事态扩大成一场英法政治危机。他于2月28日返回英国，戴高乐把他当作凯旋的英雄来欢迎，并马上请他领导一次新的作战行动。

然而，米塞利尔却反常地当众指责戴高乐在两岛事件期间损害了他同美国人的关系，怒斥戴高乐的"独裁倾向"。3天过后，他竟宣布他辞去民族委员会的职务，令他所有的同事瞠目结舌。

戴高乐接受了他的辞职时，他却又宣称还要继续留任自由法国海军总司令。而且这次除了莫莱、拉巴特等人之外，他还得到了英国海军大臣亚历山大的全力支持。

埃登是处理前两次米塞利尔事件的老手，这次又被请出来向戴高乐转达内阁的立场。但戴高乐的寸步不让的强硬态度又再次使他碰了钉子。

最后埃登问他将怎样处置米塞利尔，戴高乐说他将建议他"休息"。埃登劝将军考虑48小时再作答复，这更使戴高乐火上浇油，他一回去就召集民族委员会举行会议，决定命令米塞利尔休假30天，期间不许在海军司令部露面。

米塞利尔恼羞成怒，拒绝服从。于是被处以30天软禁。根据英法《司法协议》，戴高乐还要求英国政府保证处罚得到执行。英国内阁万分尴尬，不予答复，戴高乐便下令停止与英国政府的一切往来，并于3月18日引退到乡下去了。

这下英国内阁又不得不让步了。因为自从戴高乐发表了著名的"六·一八"讲话，他实际上已成了全体法国抵抗力量的精神领袖，而后来的艰苦卓绝的努力，又使他在自由法国巩固了谁也取代不了的地位。

海军大臣被迫做出了妥协。3月23日，他们通知戴高乐，英国政府不再坚持原来的意见，并保证在30天之内不让米塞利尔与自由法国海军人员有任何接触。

从此，米塞利尔就从政治舞台上消失了。

据理协调与英美的关系

第二次世界大战期间，戴高乐感到，自从美国在战争舞台上正式登场以来，盟国间的关系更复杂了。每当自由法国同英国或美国发生摩擦时，英美总是站在一起。戴高乐不可能摆脱"一对二"的局面。

戴高乐一直在努力协调与英美两国之间的关系。

戴高乐以伦敦为依托，以丘吉尔为后盾，在英国组建了他的"自由法国"，公开亮出了一面反法西斯的旗帜。他的行动在法国人民心中产生了广泛的影响。在这个过程中，他和丘吉尔首相结下了深厚的友谊。然而他们之间，不乏面红耳赤的争吵。他们争吵的主要问题，都是涉及法国的主权和尊严的问题。

丘吉尔和戴高乐两位政治家几个月以前初次会面时，相互都以为自己是"慧眼识英雄"，然而，"英雄"在一起并不一定和谐。戴高乐发现这位比较强大的朋友时常不按照自由法国，亦即是戴高乐的意愿行事，有时干脆不理会戴高乐。

戴高乐身在伦敦，但绝不想长期寄人篱下。在1940年的7月3日，即有历史意义的"六·一八"演说发表后10多天，英国海军以压倒优势的火力突然袭击了普利茅斯以及停泊在这里的法国贝当政府的舰艇，缴获了舰艇若干艘，小型舰只200艘。理

▲戴高乐将军

由是，贝当与希特勒签订的停战协定第八条规定，贝当政府的舰队必须解除武装。

丘吉尔说，如果这些舰队落在德国人手里，必会加重对英国的威胁，因为这些舰艇通常散泊在英国、地中海、非洲以及马提尼克等地的港内。同一天，英国还炸毁了停在米尔斯克比尔海军基地的战列舰"布列塔尼"号。

贝当已经投敌，袭击和炸毁他的舰艇，自然是顺理成章的。但是，戴高乐却觉得英国此举包含有某种无法明说的动机，反映了"旧时海上竞争的气息，以及自从法国战事开始以来日积月累的仇恨，到维希政府签订停战协定以后就更加发作起来了"。戴

高乐觉得，英国突然对贝当的海军动武，使本来可以归附自由法国的人也不来了，而且使那些对自由法国抱迟疑态度的人变成了反对派。贝当政府也会大力加以利用，从而影响戴高乐争取法属非洲的努力。

另外，1941年8月19日，戴高乐同英方代表兰普森商谈了英国军队和自由法国的军队开始进攻叙利亚和黎巴嫩这件事。紧接着，英法联军于21日开进大马士革，两天后，戴高乐来到叙利亚首都，马上派卡德卢为自由法国驻东地中海地区的全权代表，稳定政治和经济局势，准备订立叙利亚和黎巴嫩独立和与法国结盟的条约。戴高乐准备甩掉英国，独自接管维希政权统治下的这块属地。

戴高乐虽然流亡在伦敦，但是他绝不允许英国干预自由法国内部的事务。在叙利亚和黎巴嫩，英国和自由法国两个并肩作战的盟友仍经常不断地发生摩擦，在后来的1945年几乎发生了直接冲突。

1942年11月7日，盟军开始了北非的登陆作战。戴高乐是从英国BBC广播电台听到消息的。那天，英方广播说："罗伯特来了！罗伯特来了！"罗伯特是美国驻北非的政治代表墨菲的教名。这无疑是盟军登陆的秘密代号。

在戴高乐看来，北非一直是法国的殖民属地，那里有不少法国军队，那里也是他着力开辟的重要抗战基地。他作为自由法国

的代表人物，一切有关北非的作战行动都应当让他参加，至少应
当让他知道。

然而，丘吉尔和罗斯福却一直对戴高乐封锁消息。对此，
戴高乐心里非常不满。他明白，从殖民利益出发，英美两国各
有打算。

对英国来说，盟军一旦占领北非，就可以威胁隆美尔的后
方，从而根本上解除埃及之危，并且可以把德意军队赶出北非，
从根本上确保直布罗陀的安全，恢复整个地中海的航线。这对于
维护大英帝国的殖民体系，夺取中东石油是大有好处的。

对美国来说，盟军占领了西非和北非，就可以进一步东进，
以阻止德军南下同在印度的日本军队会师，达到这个目的，美国
在太平洋地区就好对付日本了。而且，美国也想控制西非、北非
和地中海，进而窥视中东。中东丰富的石油是非常诱人的。

"看来，他们完全没有把我们法国放在眼里，没有把我戴高
乐放在眼里！"戴高乐愤愤不平。他决定去找丘吉尔。过去，他
每每遇到这样的事情，都要底气十足地去找丘吉尔。

他要找他论理。他要底气十足地在他面前表明他的立场，义
正词严地维护他的祖国法兰西的伟大尊严。

"你们搞'火炬'行动，为什么不通知我？为什么不让我参
加？为什么？为什么？"一见到丘吉尔，戴高乐就直率地抛出了
这串硬邦邦的话来。

丘吉尔微笑着，柔和地道："啊，年轻人，又发火了。我是你的出气筒吗？"

"我就是有气。首相！"

丘吉尔仍然柔和地道："啊！意见大着呢！"

戴高乐大声道："你们这样做，不公正！"

"好吧！有什么不公正，你慢慢谈。"

戴高乐压着火气，说道：

"首相，我已多次向你表明，凡是涉及法国的事，请你们一定不要忘了我们法国的存在。现在，法国虽已战败，但这并不是最后的失败。法兰西的自由、独立和尊严，任何时候都不许别人横加干涉！"

丘吉尔道："年轻人，我也要明确告诉你，我从来不想干涉法国的内政。我关心的是进行战争，打败希特勒的战争！"

"可是你们的战争是在北非进行，是在法国的属地进行！"

"能不在那里进行吗？"

戴高乐似乎被丘吉尔这话问住了，一时答不出来。是的，德国隆美尔在那里横行，战争能不在那里进行吗？但他终于回过神来，回道："诚然，战争应该在那里进行。但是我有理由关心法国在那些领地的统治权。"

"我更有理由在那里进行反对希特勒的战争！"姜还是老的辣！丘吉尔的每句话，似乎理由都充分，真叫戴高乐难以回答。

但他心里不服，定要据理力争。在政治斗争这个场所，他是一头最为倔犟的"公牛"。

"好啦！首相！我很明白。在受人拥护的伙伴中，我是相当孤立的，在富翁中，我是穷鬼，在这种情况下，我满怀希望，但也万分忧虑。因为在未来的战斗中，无论如何总应该有法国，法国当前的中心问题，不仅是能不能把敌人赶出国土的问题，而且是决定民族与国家前途的问题！"

戴高乐这番话，像是抒情，像是牢骚。对于这番话的中心意思，丘吉尔是理解的。在丘吉尔眼里，戴高乐其人，的确是一个孤独的爱国者！是一个硬汉子。但他毕竟太直率，太倔犟，有时是太偏激了。戴高乐的事业，凄惨而曲折。为了恢复法兰西的尊严，他一直不懈地苦斗着。自从法兰西沦陷，戴高乐流亡英国，就开始了苦斗生涯。

戴高乐和丘吉尔，友谊虽说深厚，争吵却不可避免。总的讲，丘吉尔对戴高乐是友好的、和善的。戴高乐对丘吉尔，是尊重的、感谢的。但戴高乐有他独立的人格和坚定的原则。

戴高乐在处理与美国的关系上也是积极而讲原则的，他努力争取同美国建立经常性联系。当时，罗斯福认为，贝当出任法国总理无非是政府领导人的更迭，这无碍于对希特勒的斗争。相反，对于流亡国外坚持抵抗斗争的戴高乐，却认为不可信任。

在罗斯福和国务卿赫尔等人的眼里，戴高乐不过是一个"暴

发户"，自由法国是一个没有代表性的"非法团体"，在涉及法国利益的问题上就不能同它打交道。

一次，美国国务院准备同普利文和英国驻美使节讨论美国支援英法抗德战争的问题。美国国务院提出，普利文只能以"专家"名义，而不能以自由法国代表身份参加。

普利文向戴高乐报告了此事后，戴高乐当即复电普利文，指示他坚持原则，一定要以自由法国代表的资格参加会谈，否则就拒绝出席。戴高乐指出，自由法国需要的是作战物资，而不是医疗用品之类的救济品。经过斗争，美国终于作了一些让步。9月，赫尔宣布美国和自由法国之间有共同的利益。

10月，罗斯福也不得不转变对自由法国的态度，决定把租借法案的受惠范围扩大到自由法国。

至此，美国和自由法国总算建立了某种关系，戴高乐终于可以在租借法案范围内得到一些美国提供的作战物资。

1942年5月21日，美国新任驻伦敦大使约翰·怀南特拜会了戴高乐。事后，埃登向戴高乐透露，美国可能正在考虑对自由法国全国委员会的态度。7月9日，美国果然发表公报，承认自由法国是法国抗战力量的象征，美英两国政府认为，法国政治前途将在自由和没有强制的条件下决定。公报虽然措辞含糊，但也能表明罗斯福不能再完全忽视戴高乐的存在了。

1943年初春的一天，丘吉尔和罗斯福正在卡萨布兰卡会晤。

通过美国海军上将斯特科的引荐，戴高乐到卡萨布兰卡见到了罗斯福。进行过一次推心置腹的长谈。这使戴高乐获得了非常好的印象。

戴高乐从伦敦出发之前，戴高乐告诉斯特科，在法国的历史上，每当最黑暗的时刻，总是从不被人知的芸芸众生中产生出伟大的人物来，从而使法兰西得到拯救，死而复生。波拿巴、圣女贞德、克雷孟梭，以及其他人就是例子。圣女贞德是位农民，一个没有文化的平民的女儿，但她却拯救了国王。

戴高乐这番话，深深地打动了斯特科。斯特科觉得，透过溃败、停战和与敌合作的表象，只要往深处看，就会看到一个永恒的法兰西，像凤凰一样在烈火中永生。从戴高乐身上，就可以看到这种希望！斯特科建议戴高乐把这些话向美国总统罗斯福讲一讲，或许可以得到罗斯福的理解。

戴高乐抵达卡萨布兰卡机场，受到了美国将军韦伯耳的欢迎。韦伯耳将他带到盟军征用的别墅。那些别墅里里外外布着美国岗哨，四周用铁丝网围得严严实实。没有料到，他在那里竟意外地见到了吉罗将军。

为了摸清情况，戴高乐找到丘吉尔。他不无讽刺地道："如果我早知道在法国的土地上，被美国的刺刀团团围着，我决不会到这里来！"

丘吉尔笑道："亲爱的将军，又有火了？"

"当然有火。"

丘吉尔向戴高乐解释说，安排吉罗和戴高乐到这里会谈，是他和罗斯福总统精心研究了的。他们已经研究出了一个很好的方案。那个方案的主要内容是，戴高乐和吉罗将军将共同担任设在阿尔及尔的执行委员会主席。他们的权力是平等的，吉罗还兼任最高军事长官。

丘吉尔的朋友乔治将军也将参加这个委员会，成为委员会第三个主席。此外，这个委员会还将包括法属北非的好几个高级官员。不待丘吉尔说完，戴高乐冷笑道："既然你们已经安排好了，还要我来谈什么呢？"

"总得听听你们的意见嘛！还有签字手续？"

戴高乐严肃地道："首相！盟国撇开我，并且违反我的意图，在阿尔及尔建立行使职权的行政系统。这种做法对吗？"

后来，在戴高乐和罗斯福的会见中，双方在这个问题上很尴尬。罗斯福后来和他的下属谈起这次会见，挖苦戴高乐说："那个戴高乐，他竟自称是贞德！他是波拿巴，还是路易十四呢？"

按照罗斯福和丘吉尔悄悄商量的意图，这一回定要把吉罗和戴高乐撮合在一起。后来，按照丘吉尔和罗斯福的意图，终于把吉罗推上了台，但吉罗毕竟是那种没有头脑的武夫。不久，他便威风扫地，从第一把手的执政交椅上败了下来，而戴高乐的拥戴者却越来越多。4月下旬，吉罗只好放弃占优势的政治地位，电邀戴高乐前往阿尔及尔，共商组建中央权力机构的问题。

1943年5月30日，一架法国战斗机把戴高乐送到阿尔及尔的布法里克广场，戴高乐受到各级官员和群众前所未有的欢迎。

从此，以戴高乐为首的自由法国的旗帜举得更高了。

不久，戴高乐决定把自由法国改名为"战斗法国"。这时法国国内的抵抗运动已开始承认戴高乐，愿意接受他的领导。

在以后的几个月里，罗斯福一直在排斥戴高乐。11月8日，艾森豪威尔指挥的英美联军背着戴高乐攻入北非，在摩洛哥和阿尔及利亚登陆，于是卡萨布兰卡、阿尔及尔、奥兰的维希政府驻军被击溃。

11月11日，正在阿尔及尔的维希政府外交部长弗朗姆瓦·塔耳朗与美国的克拉克将军签署了停战协定。

令人不解的是，罗斯福居然让塔耳朗留下来继续担任在北非的法国代表，原来维希政府派驻的总督诺盖兹等军政人员也一概留任。

同时，把来到阿尔及尔的法国五星上将吉罗安排为塔耳朗的第二把手。显然，罗斯福根本不想让准备到阿尔及尔来的戴高乐插手。

圣诞节前夜，塔耳朗突然被暗杀，吉罗立即接任。在罗斯福支持下，吉罗准备成为法国海外抵抗运动的总代表。

本来，罗斯福在阿尔及尔亲自导演的事件就是对戴高乐的极

大冒犯，现在又想让吉罗取代戴高乐。戴高乐既然不可能屈尊在塔耳朗之下，当然也决不会当吉罗的副手。这对戴高乐来说，将是更大的挑战。

戴高乐认为，战斗法国的力量已布满赤道非洲和地中海东部地区，要打回欧洲，解放法国，就必须进入北非，而且这是他在1940年6月出走伦敦一直为之奋斗的。为此目的，他可以和吉罗合作。

吉罗到达阿尔及尔后，戴高乐多次主动写信给他，建议为建立一个统一的抗德运动进行磋商，但是，无论如何也不能把战斗法国淹没在吉罗领导的运动里。

1943年1月，罗斯福和丘吉尔在卡萨布兰卡举行会议，讨论战局，决定盟军究竟是在欧洲开辟第二战场，还是先在西西里岛登陆。

根据罗斯福和丘吉尔的安排，吉罗先到了卡萨布兰卡。丘吉尔和埃登出面邀请戴高乐也到摩洛哥来与吉罗会面。

开始时，戴高乐严词拒绝，表示他同吉罗会晤与否和在哪里会晤，是法国人之间的事，用不着"盟国高级法庭"来安排。

经丘吉尔一再劝说，戴高乐于1943年1月22日来到卡萨布兰卡。他第一次见到了罗斯福，也同吉罗进行了谈判，但丝毫未改变原先的立场，不愿同吉罗平分领导权。

罗斯福则认为，法国抵抗运动的领导权既不能交给吉罗，也不能交给戴高乐，而是要用吉罗来平衡戴高乐。

比较而言，罗斯福更喜欢吉罗一些，因为他认为戴高乐傲慢偏执，根本不把美国放在眼里。他甚至认为，想不出有没有另外一个人比戴高乐更加靠不住。

在卡萨布兰卡，罗斯福几乎是强制性地让两个政敌握了手。两个人握了手，也照了相，但是问题却一点儿也没有解决。

1943年4月10日，吉罗向戴高乐提出一项奇特的建议：在阿尔及尔建立法国"海外领地委员会"，吉罗和戴高乐都是这个委员会的成员，但是委员会不具有实际的政治权力。对于这个毫无意义的建议，戴高乐决定不予理睬。

4月15日，战斗法国全国委员会通过决议，一致拥护戴高乐提出的成立一个拥有实权的执行委员会的主张，由戴高乐出任主席，以吉罗为总司令的那部分法国军队置于委员会的领导之下。全国委员会宣布，戴高乐将以全国委员会主席的名义前往阿尔及尔视事。这就是说，戴高乐领导的战斗法国总指挥部将从伦敦迁到阿尔及尔。

经过几年奋斗，戴高乐的实力和影响有了突破性发展，他已成为国内外公认的抵抗运动领袖和旗帜。北非各地都通电支持战斗法国。

战斗法国在国内的影响也迅速扩大，戴高乐派往国内的抵抗运动的代表已组成了包括各种派别的全国性抗战运动委员会，委

员会表示拥护戴高乐，要求迅速在阿尔及尔成立以戴高乐为主席的临时政府。

相形之下，吉罗显然势单力薄，在这种情况下，吉罗于5月17日邀请戴高乐前来阿尔及尔，共商成立中央权力机构的大事。

5月27日，召开了全国抗战运动委员会第一次全体会议，以正式声明的形式宣告一个以戴高乐为主席的临时政府将在北非成立。英国和美国的广播电台转播了这项声明。

6月1日，戴高乐向法国记者公布了一项声明，宣布将尽早成立一个法国中央政权，以领导全国的反法西斯战争，这个政权将享有真正的主权。6月2日，戴高乐、马西格利、卡特路将军和菲利浦同吉罗将军举行会谈，讨论成立法国中央政权问题。

在戴高乐领导自由法国时的所有对外关系中，与英美苏的协调难度都很大，而且这样的斗争伴随了他10多年的从政时期。但不管处于何时何地，酷爱法兰西的戴高乐永远也不会将国家利益作为交换条件，为此，三巨头曾一度把他叫作"公牛"。

为解放法兰西而战

经过一年多血与火的考验，自由法国运动在戴高乐的领导下，不仅建立了一支精悍的陆海空武装部队，而且在对外关系中也取得了较大的发展。

在这个基础上，戴高乐于1941年9月24日宣告成立法兰西民族委员会，代行政府职能。

这当然是法兰西民族委员会的敌人所不能接受的。卖国的维希政府和德意法西斯立刻群起而攻之。委员会有时被描述成一群丑恶的政客，有时则被说成是一群法西斯冒险家，而有时，则又成了"一群乌合之众的共产党狂人"。

但是，所有这些绯闻都在事实面前不攻自破。人民清楚地看到，当国家和民族处于危亡的关头，是戴高乐孤独地发出了最初的战斗号召，举起了抗战的大旗；是戴高乐为首的一些不屈的法国人，在为国家和民族的利益向法西斯统治者宣战。

同时，人们也愈来愈清楚地认识到，正是由于维希政府的投降政策，才使150万法国战俘在法西斯的铁窗下经受各种各样的艰苦；正是由于继任的赖伐尔之流的卖国求荣，才使希特勒匪徒得以在法国横征暴敛，严重破坏了法国经济；正是由于贝当一伙的不抵抗政策，才使德国人并吞了阿尔赛斯、洛林及法国北部的广大领土；也正是他们奉行卖国哲学，才使越来越多的法国人为德国法西斯服苦役。

特别是当人们看到希特勒的飞机在阿勒颇和大马士革着陆，日本侵占了河内和印度支那，维希政府的军队不打敌人反而残酷镇压抗战人民的时候，维希头目们所说的"为了保卫法兰西帝国不惜与任何人作战"的说法就不能欺骗任何人了。

在这种情况下，法国本土的地下抵抗运动，也在戴高乐的影响下秘密地发展起来。不屈的沦陷区人民在极其困难的条件下，纷纷以不同的方式加入了抗战运动。

有的在运输或分散空投偷运过来的军用物资；有的积极编写、印刷和散发传单；有的冒着生命危险，掩护和护送地下工作人员；有的秘密监视敌人，为抗战组织提供情报；还有的则在袭扰敌人，破坏敌人要害部门的通信联络。

在民族委员会宣告成立的时候，法国本土发生了一系列枪杀德国人的事件。

当戴高乐听到这些无视危险单独抗战的沦陷区人民的英勇

战绩，他的心情既骄傲又沉重。他认为在敌强我弱的形势下，应当注意保存实力，尽量避免得不偿失的牺牲。为此，他于10月23日通过广播，命令沦陷区人民要讲究斗争策略，目前不要去杀德国人，以保存力量等待进攻的命令。

▲戴高乐检阅部队

10月24日，德国法西斯在南特和波尔多各杀害了50名人质。消息传来，戴高乐真是悲愤交加。为了抗议侵略者这种惨无人道的行径，戴高乐在25日的广播中号召说：

> 敌人以为枪毙我爱国志士便可以吓倒法国，我们将让他们知道，法国是吓不倒的。
>
> 我现在吁请全法国的男子和妇女，在10月31日星期五这天，从16时到16时5分，在他们当时所站立的地方停止一切活动，静默五分钟。这是一个巨大的警告，同时也是法国精诚团结的证明。

　　10月31日16时，全体法国人都响应了他们的战斗领袖的号召，静默示威了足足五分钟，使维希政府和德意志法西斯知道，法国人不可侮，法国人民永远不会向敌人屈服。

　　这以后，各式各样抵抗运动组织，如雨后春笋般在法国本土建立起来。在后来的解放战争中，这支地下军配合盟军，为打击法西斯作出了重大贡献。

　　在伦敦，戴高乐所代表的自由法国运动的影响也越来越大，大不列颠岛不仅成了戴高乐与本土及海外抗战组织联系的纽带，而且成了自由法国反法西斯战士的训练中心。

　　由雷纳上校指挥的轻骑兵、炮兵团、装甲队、工兵支队和信号组，每六个月培养一批士官和专家。由波提上校领导的炮兵辎重处，除负责组织军火生产外，还负责分发由美国依"租借法案"所供应的军事物资。

　　由特里小组领导的"法国义勇军校"继马祖夫人之后，训练了大批能干的年轻姑娘成为驾驶员、护士和后勤服务人员。由鲍端司令领导的学生队，培养了数以千计的班排连军官，其中有521人在以后的战斗中奉献了他们年轻的生命。

　　当时，自由法国海军最大的困难就是缺乏军官。在英国这块基地上，海军中校威泽尔和加拉尔领导的"学校舰队"培训了数千名海军人员，到1942年6月，已有700名海军将士英勇献身。

　　战争开始时，法国商船队所有的270万吨船位中有70万吨为抗战服务，在人力极其困难的情况下，戴高乐的海军部还是千方百计补充配置了67艘商船的人力，使这支船队达到5000名海军官兵。至1942年春，这些战士已有25%在海洋上为国捐躯。

自由法国的空军更是在极其困难的境况下建立起来的，1941年，戴高乐首先在英国成立了"法兰西之岛"空军战斗队，司令员为西威杜。当他的飞机在法国上空被击落后，便由杜贝叶继任。

叙利亚战斗开始的第二天，戴高乐又在埃及成立了"阿尔赛斯战斗队"，它的司令官在保卫伦敦的空战中光荣牺牲。

洛林轰炸队是在东地中海地区成立的，指挥官毕若在敌人后方执行任务殉职后，由摩里尼接替职务。"布列塔尼"混合队在乍得成立后，就支援盟军在撒哈拉作战。

这些年轻的飞行员，在战斗中前赴后继，表现了自由法国战士大无畏的英雄气概。他们在战斗中牺牲的总数，比所保存的实力多出一倍！

在非洲战场，自由法国的战士们创造了许多传奇的战绩。骁勇善战的勒克莱恩上校兵力少，装备差。

他只派一支小部队佯攻木坦克，他的真正目标却是远离驻地的库弗剌，而且两地之间几乎没有公路。

他征集了大约100辆大卡车，运了几百名士兵，带了仅有的一门75毫米的加农炮和几挺不好使的机枪搞长途奔袭，迫使库弗

刺的意大利守军投降。意大利人投降后才沮丧地发现，打败他们的那支部队人数少得可怜。

在北非，盖尼将军领导的第一轻装师于比尔哈伊姆地区被德军骁将隆美尔元帅的集团军重重包围，遭到重炮和飞机的轮番轰炸。当时盖尼将军不仅兵力与敌人相差太悬殊，而且武器弹药粮食都很缺乏，加上水源断绝，处境非常困难。

德国人3次命令其投降，盖尼将军每次都以炮火做了回答。经过11天极为艰苦的拼杀，这支5500人的队伍，以1109人的伤亡，击毙敌人3000多名后，竟奇迹般地突破了重围，真正成了"法国的骄傲"。

6天以后，10000多法国军民在伦敦集会，庆祝"六·一八"讲话发表两周年。回顾两年的战斗历程，戴高乐不由百感交集，抗战的决心也更加坚定。

他清醒地看到，自己的努力虽然取得了一些成就，但力量仍显得太弱小，艰苦的岁月还在后头，仍需团结、激励更多的人为祖国的解放而奋斗。

戴高乐慷慨激昂地说：

在这两年间，我们过着伟大的生活，因为我们是热情的人。我们选择了最困难、最光荣的战斗的道路。为了祖国的解放，我们不惜牺牲一切。

两年前，在那些黑暗的日子里，当我们大胆地挺身担负起捍卫国家使命的时候，我们就坚信我们的抗战事业一定胜利，法西斯的侵略必然遭到可耻的失败。今天，世界的战局正像我们早先预料的那样胜利发展。

　　我们知道血和火的考验还没有过去，我们了解敌人还有多大的力量和狡猾伎俩。我们必须团结战斗，忠诚地履行对法国的义务，不到全国解放绝不罢休。

　　那时我们工作完成了，我们的作用尽到了，我们将追随那些从她的历史开始以来为她服务的人，以及在她永久的未来中为她服务的先驱者。用庇古的话简单地对法国说："母亲，看看您那些战斗得那样艰苦的儿子们！"

　　是的，法兰西，这位曾为人类现代文明在政治、哲学、艺术、文学和科学上哺育了一大批杰出人才的伟大的母亲，现在正用她那艰苦的、充满希望的双眼，默默地注视为她的解放进行艰苦战斗的戴高乐和他的战士们！

排除干扰战胜反对派

尽管还有许多困难，但法国人民空前高涨的抵抗热潮，使戴高乐看到了胜利的曙光。为了解放法国，就必须把反抗法西斯的组织和力量统一在他的领导之下，而为了统一，首先必须战胜反对派力量吉罗。

1943年，戴高乐把他的指挥部搬到阿尔及尔。5月30日，戴高乐抵达阿尔及尔机场时，吉罗已经等在那里了。前来欢迎戴高乐的还有英国和美国驻北非的代表。在戴高乐和吉罗的斗争中，英美两国显然会参与其中。

戴高乐和吉罗的第一次谈话是在从机场到官邸的汽车上进行的。气氛有些尴尬。戴高乐告诉吉罗，他准备派哪些人参加会谈，然后问吉罗这方有些什么人出席。

戴高乐以肯定的口气对吉罗说，无论如何，到现在还留在吉罗身边的那些维希分子一个也不能留在未来的中央权力机构中。

戴高乐指的是维希政府驻摩洛哥总督诺盖兹、驻阿尔及利亚总督佩鲁东和驻西非总督布尼松。

30日16时，戴高乐到邮政广场向死难者纪念碑献"洛林十字"，聚集在那里的数以千计的群众热情地向他欢呼。此时，戴高乐的心情是乐观而自信的，他的事业已经有了坚实的基础。

戴高乐坚信，把那些维希政府派的"总督"赶走，迫使吉罗接受他的领导，是天经地义的，是能够办得到的。只是吉罗背后站着罗斯福，不会轻易就范，还需要一步一步地来。戴高乐决心对罗斯福的干预不予理睬。

31日上午，戴高乐和吉罗如约来到弗罗兰坦中学举行会谈。戴高乐提出两点建议：第一，军队必须服从政府，如果在作战中由于与外国军队共同行动而需要受外国将军的指挥，也必须由法国最高当局的命令来决定。第二，不承认维希政权，所以必须解除几位"总督"的职务。吉罗则坚持军队有独立于政府的领导权，表示绝不能解除维希分子的职务。

但是，会谈的优势不在吉罗一边，让·莫纳想从中调解，戴高乐一方的代表态度一致，附和吉罗的只剩下乔治一个人了。戴高乐取得了第一个回合的胜利。

6月3日再次开会，吉罗接受了戴高乐的主张，正式成立法兰西民族解放委员会。它享有最高权力，军事力量置于这个委员会的领导之下，在委员会向将来组成的正式的临时政府移交权力以

前，负责制定国家法律，确立国家政体。会议还决定，3位维希政权的总督都将去职。

但是，这个机构美中不足的是戴高乐和吉罗都是委员会的主席，是一种"双头领导"的怪现象。戴高乐断定，英国和美国还会给他制造麻烦，还没有取得全胜。

丘吉尔和埃登来到了阿尔及尔。6月6日，丘吉尔邀请戴高乐、吉罗和委员会其他委员出席"乡村"宴会。丘吉尔警告戴高乐说，如果吉罗被"吞并"，英美就要采取"一些措施"。有罗斯福和丘吉尔的撑腰，吉罗还不想交出军权。

罗斯福也露面了。10日，罗斯福给艾森豪威尔发了一封电报，说无论怎样也不能让戴高乐把西北非洲都控制起来，美国甚至不惜派特别部队去牵制戴高乐。一星期后，罗斯福再次致电艾森豪威尔，指示他一定要设法阻止戴高乐控制法国军队。

6月19日，艾森豪威尔邀请戴高乐、吉罗一起谈谈法国军队的"指挥和组织问题"。戴高乐首先发言，开门见山说他是作为法国政府主席来参加会晤的，按照惯例，国家元首或政府主席有权亲自到他们授予指挥权的总司令部去。

艾森豪威尔是盟军总司令，他应该从这番话里懂得，他手中的指挥权，是由有戴高乐在内的盟国元首授予的，戴高乐绝不会屈尊于与他本人意愿相反的盟军司令的任何要求。

艾森豪威尔又语带胁迫地说，盟军很快将在西西里登陆，戴高乐必须保证后方的安全。因此，法国军队的统帅和组织应该维持原状，吉罗应该保持现有的权力和职位，并且只有吉罗一个人才有权同艾森豪威尔讨论北非的军事问题。艾森豪威尔以英美两国政府的名义通知戴高乐，如果不按照他刚才所说的去做，英美就要停止向法国军队供应军火。

戴高乐坚决驳回了美国的威胁。他指出，法国统帅的组织是

▲吉罗（左一）、罗斯福、戴高乐（右二）和丘吉尔在卡萨布兰卡会议上

法国政府权限以内的事，他反问道："一切作战的国家，譬如美国，都是把作战部队的指挥权交给将军，而有关建军的事项则由部长负责。难道你硬要法国不这样做吗？你是个军人，你认为一个领袖依靠某个外国的恩赐，就能维持他的权威吗？"

会谈没有任何结果。戴高乐决定不理睬英美的"警告"，把最高军事统帅权紧紧地掌握在民族解放委员会手中。

在这期间，拥护戴高乐的队伍更加扩大，许多后来曾在法国政治生活中起重大作用的政治家，如爱德加·富尔等，都来投奔戴高乐。这大大增加了民族解放委员会中戴高乐派的力量，戴高乐得以在委员会内组织了一个以他为主席的军事委员会。

吉罗虽然仍负责北非的军事问题，但独立行使职权的条件越来越少了。

1943年7月31日，对于戴高乐说来是个很有意义的日子，民族解放委员会由"双头领导"正式变为戴高乐的单独领导。吉罗仍然当他的总司令，但在他的上头有一个由戴高乐任主席的国防委员会，它的前身就是不久前成立的军事委员会。

吉罗已经无能为力了。它标志着戴高乐最后战胜了吉罗。吉罗虽然还是总司令，在法兰西民族解放委员会的文件里还有副签的资格，但是，他必须服从戴高乐的领导。

法属西印度诸岛也归附了戴高乐，法属海外殖民地都成为战斗法国反法西斯战争的广泛基地。

戴高乐对吉罗的胜利，也可以说是对罗斯福和丘吉尔的示威。罗斯福执拗地企图把戴高乐排除在法国抗战队伍之外，使尽了招数；丘吉尔开始时想把戴高乐拴在伦敦，成为大英帝国的囊中物。

但是这位"应运而生"的法国将军，身在伦敦，想的却是维护法兰西帝国的整体利益，最终作为凯旋者回到法国。在与吉罗的斗争中，戴高乐需要美国和英国的帮助，但是绝不因此而仰人鼻息。他顶住了罗斯福和丘吉尔的种种压力和干预。

丘吉尔与罗斯福不同，他不像罗斯福那样对维希政权抱有幻想。当看到戴高乐不可能就范，战斗法国已经坚实地站立起来时，他不能不想到，日后他还必须和这位刚愎自用的将军打交道。丘吉尔说服了艾森豪威尔，两人一起向罗斯福陈词：盟国必须承认戴高乐领导的法兰西民族解放委员会。这也算是给戴高乐和吉罗之间的斗争画上了句号。

昂首跨越凯旋门

从各方面的态势来看，1944年将是决胜之年，对于法兰西民族来说，将是从德国法西斯侵略魔爪下光复的一年。

反法西斯盟军在各条战线的胜利，特别是苏联红军在斯大林格勒保卫战所取得的伟大胜利，改变了欧洲战场的面貌，盟军由防御变为反攻。1944年7月26日，墨索里尼垮台，德意法西斯联盟宣告破裂。戴高乐决心让由他领导的武装力量在解放法国的战役中，发挥最大的威力。

在此前的1943年9月18日，戴高乐曾签发了一项备忘录，分送给美、英、苏三大国，坚持法国军队一定要参加在地中海沿岸以及未来的横渡英吉利海峡的战役。

另一份备忘录则提出，盟军解放法国时应该与战斗法国建立的行政机构合作。戴高乐担心会被盟国关在解放后的法国政府之外，从而沦为盟国的附庸。

美国和英国依然忽视戴高乐。关于意大利的停战谈判，戴高乐几乎一无所知。墨索里尼倒台后，继任的巴多里奥政府要求停战。

1944年9月3日，美英同意大利签署了停战协定，直至盟军在南意大利登陆戴高乐才得知此事。

9日，戴高乐发表声明，指出法国必须参加一切对意条约的制定，并且对于没有被邀请参加对意停战协议表示不满。

9月17日，戴高乐发布命令，宣布成立协商会议，它相当于民族解放委员会的议会，由100名委员组成，其半数来自国内的抵抗运动。

10月3日，法兰西民族解放委员会由戴高乐签署命令，宣告：今后委员会将只有一个主席。同一天的另一项法令宣布，将根据指挥与政权分立的原则，组织法国的武装力量。

1943年11月底，罗斯福、丘吉尔和斯大林三巨头第一次在德黑兰举行会晤，当然没有戴高乐的份。三巨头讨论了法国的未来，也议论了戴高乐。

德黑兰会议对于1944年战局作出了重要决定，盟军将举行以"霸王"为代号的横渡英吉利海峡的战役，在欧洲开辟第二战场。

1944年1月12日，丘吉尔和戴高乐在阿尔及尔见面。当时英国和美国报纸都透露，罗斯福有意在战后法国成立一个由英美控

制的军政府。

在谈话中，戴高乐向丘吉尔表示，他强烈反对罗斯福的计划，他指出，战斗法国既然已经在北非站住了脚跟，也必定会胜利地返回法国。谈话后的第二天，戴高乐邀请丘吉尔检阅了他统率的军队。

戴高乐轻蔑罗斯福的"法国不能再拥有原来的殖民地"的说法，1月30日，在布拉柴维尔召开的非洲领地会议上，戴高乐发表讲话，指出法国的事务只能由法国自己来决定，法国将独自行使自己的主权。戴高乐还规划了未来包括法属殖民地在内的所谓

▲戴高乐、吉乐与罗斯福、丘吉尔商讨法国的未来

"法兰西联盟"。

3月21日，戴高乐发布命令，宣告：一旦法国本土有足够的领土获得解放，法兰西民族解放委员会就立即迁回法国，行使其职权。

这时，欧战日渐接近尾声。4月28日，意大利游击队处决了墨索里尼和他的情妇，并将尸首倒悬于罗雷托广场。两天后，希特勒在柏林的地下室自杀。5月4日，法国第二装甲师攻占了希特勒在贝希特斯加登的山中别墅，使这支铁甲军从乍得湖开始的壮丽的军事远征达到了与之相称的高潮。

希特勒的第三号人物希姆莱在走投无路的情况下，向戴高乐发出了一封备忘录，做了德国法西斯毁灭前的最后一次无耻表演：

> 你胜利了！戴高乐将军。如果人们知道你是从何处起步的，他们就一定会脱下帽子，深深地向你鞠躬。
>
> 不过，你现在打算怎么办呢？投靠盎格鲁撒克森人吗？他们将会把你当作仆从，使你失去尊严与光荣。你要与苏联人携手合作吗？他们将把他们的法律强加给法国，还会清除你本人。
>
> 实际上，能使贵国人民走向光荣与独立的唯一道路，就是与战败的德国取得谅解。请你马上宣布吧！请

你立刻与那些在德国尚有实权并希望把他们的祖国引到一个新的方向的人们取得联系吧!

他们已准备好了,他们请求你这样做。倘若你能克制复仇的思想,倘若你能抓住历史今天给你提供的大好时机,你将成为永垂青史的最伟大的人物。

对这样拙劣的诱惑,戴高乐嗤之以鼻。

6月6日,盟军在诺曼底登陆后,戴高乐通过伦敦广播公司发表了简短的讲话:

最崇高的战斗开始了!法国的战役打响了。在全国、在帝国、在军队里,只有一个共同的意志,一个共同的期望。

诺曼底登陆后,戴高乐从伦敦又回到阿尔及尔。在这期间,戴高乐于7月6日访问了华盛顿,同罗斯福进行了3次礼貌的,但极不愉快的谈话。

戴高乐得知,罗斯福认为未来世界秩序的基石将是美、英、苏和中国四大国,而法国则自从1940年6月崩溃以后,就永远失去了大国的地位。

戴高乐离开华盛顿以后,美国国务院于12日发表一项声明,表示美国政府确认法兰西民族解放委员会有资格在解放后的法国行使行政管理的权利。

1944年7月底，解放法国的战斗进入了新阶段。盟军诺曼底登陆后，德国法西斯军队迅速溃退，通向巴黎的大门打开了。

8月15日，法美联军进行了另一次两栖作战，在马赛和尼兹之间的普罗旺斯登陆成功。

勒克莱恩将军率领的战斗法国第二装甲师于8月初在诺曼底登陆，参加解放巴黎的战斗。在法国本土坚持游击战争的武装力量纷起响应，有力地打击了溃退中的敌人。

此时，法国国内的情况也出现了可喜的变化。巴黎及其近郊的抵抗组织在巴黎地区积极开展武装斗争，不断袭击德国占领军的运输车辆和仓库，破坏供电网和电话线。仅6月8日至25日，他们就进行了93次作战行动。特别是在7月14日这个历史上攻占巴士底狱的重要纪念日，巴黎解放委员会号召全体巴黎市民，参加大规模的反德示威游行。

在这一天，尽管维希政府和德国占领当局明令禁止罢工、集会，但是仍有10万人上街游行。这场大游行沉重地打击了占领当局。正如罗尔·唐居伊1944年8月7日记述的：

对于巴黎军团来说，敌人未曾决定实施拼命抵抗。恰恰相反，1944年7月14日的示威游行成为我们举行起义

的前奏。

8月10日，巴黎铁路工人开始罢工。随后，法国其他地区的铁路工人也跟着罢工，邮电工人、煤气工人、电业工人和公共事业工人也相继发起罢工。8月15日，驻守巴黎的1.5万名警察也加入到罢工的行列。工人们破坏铁路运输，使德军无法调动部队和运送武器装备，也无法从巴黎运出军需物品。

8月19日，巴黎解放委员会发出起义的号召，驻巴黎地区的内地军总指挥罗尔·唐居伊上校下令武装起义开始。8时，2000名警察首先占领了警察局，逮捕了局长。

接着，起义者占领了市政厅、公共大楼和印刷厂。不久，戴高乐派驻巴黎的法国抵抗运动临时代表亚历山大·帕罗迪接管了公共工程部、殖民部、供给部、司法和情报部等部门的权力。

8月19日下午，法国抵抗运动的个别领导人在事先没有得到巴黎解放委员会和内地军指挥部同意的情况下，就同巴黎的德军城防司令肖尔蒂茨进行停战谈判，并达成暂时协议。

8月20日，由于巴黎爱国力量联合行动，继续攻占了火车站、电台和报社，并占领了政府各部和银行的大楼。是日，唐居伊派代表前往美军驻地会见巴顿将军，向他介绍了巴黎的处境，要求立即派兵支援。

8月21日，巴黎解放委员会号召市民更广泛地开展武装起义，提出："砍掉树木，挖好防坦克壕，筑起街垒，让取得胜利的人民去迎接盟军！"唐居伊下令要无情地打击敌人。据此，起义规模日益扩大，爱国志士在市内和通往市区的主要道路上筑起了街垒和路障。是日晚，巴黎市区及市郊的大部分区域获得解放。

8月21日，巴顿将军指挥的第三集团军先头部队占领了巴黎以南30公里处的利穆尔和阿巴永。美军曾设想对巴黎实施钳形包围，让位于右翼的巴顿集团军从东西迂回包围巴黎，左翼穿过塞纳河抵达芒特，两翼部队在巴黎以北会师。

这时，已从阿尔及尔到达法国瑟堡的戴高乐函告艾森豪威尔将军说，他很担心巴黎的警察部队和德军撤离，市内的食品供应发生危机，巴黎因此会出现骚乱。

戴高乐认为，"确实需要由法军和盟军尽快占领巴黎，即使市区内的战斗会造成一些破坏也要去占领。"

戴高乐警告说，如果发生骚乱，以后处理事情时很难不发生可能最终妨碍军事行动的严重事件。他提名柯尼希将军担任巴黎军事管制政府总督，以便在艾森豪威尔将军决定立即前进时与他商议占领的问题。

艾森豪威尔将军在与柯尼希将军谈话后说："现在看来好像我们将不得不进入巴黎。布莱德雷和他的情报处长都认为我们能够而且必须开进城去。"

艾森豪威尔将军决定派兵直接进入巴黎，但是派哪支部队首先进城倒是个棘手的问题。因为许多部队都提出要求，把首先进入巴黎看作是一种荣誉，其中呼声最高的是勒克莱尔指挥的法军第二装甲师。

该师于8月1日随盟军在法国西北部登陆后，被编入巴顿的第三集团军第十五军，参加了对法莱斯的包围，并在尚布瓦与波兰军队会合。

这时，第十五军的两个师奉命向德勒推进。戴高乐命令勒克莱尔的第二装甲师迅速向巴黎靠近，于是后者便向巴顿提出了要求，未获得批准。这样，勒克莱尔便于8月16日率部离开了美国第三集团军，加入美国第一集团军，被编入第五军。

接着，戴高乐又指示这支法国部队，不管美国人同意与否，都要立即向巴黎推进。

8月21日，法军第二装甲师仍位于阿让唐地区，与美军先头部队相距约一百公里，勒克莱尔命令部队全速前进，如果艾森豪威尔不同意直接进入巴黎，他也要把离巴黎最近的部队留在那里。

鉴于这种情况，特别是为了照顾法国人的感情，艾森豪威尔将军最终还是批准了首先由法军第二装甲师进入巴黎。这道命令是8月22日由布莱德雷传达的。不久，美军第四师也接到命令，沿法国首都南部前进，以夺取巴黎以南的塞纳河诸渡口，并占领南面和东南面的阵地。

8月23日6时30分，北路的勒克莱尔部队作为主力开始向巴黎进发，并加强有一支英国小分队、一个美国骑兵侦察组、一个美军工兵小组和美军第五军的炮兵。在南路进攻的是美军第五军司令部、美军第四师，并加强有两个反坦克炮兵营和两个重型坦克营。盟军在向巴黎进军的路上未遇到德军的有力抵抗。

8月24日傍晚，法军第二装甲师和美军第四师开进巴黎。

8月25日晨，法军向肖尔蒂茨发出最后通牒，遭到拒绝后，法军于13时向德军指挥部发起攻击，迅速消灭了敌人的有生力量；15时，摧毁了德军指挥部，活捉了肖尔蒂茨，并将其带到警察局。在那里，肖尔蒂茨代表德军守备部队正式向勒克莱尔将军和唐居伊上校无条件投降，巴黎遂告解放。

此次战斗，法国内地军伤亡2356人，市民伤亡2408人，法军第二装甲师伤亡628人；德国占领军亡3200人，伤4911人。

8月25日，戴高乐作为法兰西共和国临时政府首脑与法军第二装甲师一起进入巴黎，并在国防部大厦设立了指挥部。

事先，关于戴高乐能否按时进入巴黎的问题，英美两国政府官员曾有不同意见。有一种想法是把戴高乐进巴黎的时间推迟到能达成某种协议之后。

但是，戴高乐清醒地认识到，任何阻止他进入巴黎的企图都是对战斗法国控制法国局势的反对，是对他的权威的否定。因

此，他认为在这个大是大非的问题上没有妥协的余地。

于是，戴高乐在8月中旬通知艾森豪威尔将军，他打算从阿尔及尔到法国。在戴高乐的坚持下，盟军远征军最高司令部建议他乘坐美国飞机并在伦敦降落，然后再飞往法国大陆。

戴高乐显然怀疑这种做法是企图不让他进入法国，而并不是一项保护他的专机免遭袭击的措施。于是，他宣布要乘自己的座机出发，在瑟堡和雷恩着陆。

艾森豪威尔将军警告说，盟军的高炮部队可能识别不了戴高乐所乘坐的那种飞机，并拒绝为他的安全承担责任。在这种情况下，戴高乐不得不把他登陆法国的计划推迟一天。8月18日，戴高乐乘机安全抵达瑟堡，并及时赶上了法军第二装甲师，于8月25日进入巴黎。

25日下午，戴高乐从巴黎的奥尔良门进入市区，随后，立即来到圣多明尼克大街国防部旧址。4年前，戴高乐就是从这里撤离巴黎的，现在又回来了。景物一切依旧，一切都非常熟悉，但是，巴黎已经经历了一场严峻的考验。

第二天下午，戴高乐来到凯旋门，成千上万的巴黎市民向他欢呼。他在军队的将领们和抵抗运动的领袖们的簇拥下，从凯旋门沿着香榭丽舍大街，步行前往协和广场。

屋顶上黑压压的一片人。窗口里密密拥挤着人，人群中间夹杂着许多旗帜。梯子和柱子上边甚至也爬满了人。凡是能看到的地方，都是阳光灿烂、国旗飘扬下的人群的巨浪。

8月26日，戴高乐打算在巴黎举行盛大的阅兵式，以宣告他对巴黎的接管和控制。但是，美军第五军军长伦纳德·杰罗将军不同意这样做，理由是担心刚刚解放了的巴黎还不安全。然而，戴高乐还是决定去接见群众，不让等候在市政厅外的广大群众失望。

在去市政厅的路上，他首先到了警察局，检阅了在巴黎起义中立功的警察部队，然后在市政厅的一个阳台上接见了拥护他的广大市民，随后又接见了各抵抗运动组织的领导人。

▲1944年8月26日戴高乐在巴黎凯旋门前与抵抗组织领导人乔治·比多交谈

8月27日，艾森豪威尔将军访问了法国首都。在访问期间，艾森豪威尔考虑到巴黎目前的形势，同意戴高乐和布莱德雷将军一块检阅部队。

为了显示力量，艾森豪威尔还决定让开赴法国东北前线的美军第二十八师列队通过巴黎，接受戴高乐和布莱德雷的检阅。

8月29日，胜利后的法国在凯旋门至圣母院的大街上举行了隆重的阅兵式，法军第二装甲师和美军第二十八师先后列队通过，接受了戴高乐和布莱德雷的检阅。

这是他长久以来所渴望的一刻，在少年时代就已梦想的一刻。戴高乐在凯旋的乐声中丝毫也不怀疑，他本人、他亲手建立的自由法国、战斗法国、法兰西民族解放委员会，就是法兰西民族的代表，他应该是法兰西共和国的当然总统和缔造者。

他这样描绘自己：

> 由于每个参加者都选择了戴高乐作为自己灾难中的救星和希望的象征，就让他们看见他在他们面前和蔼可亲，并使全国的统一发出光辉。

戴高乐从在英国组织"自由法国"到现在掌握整个法国，可以说达到了荣誉的顶峰。

第三章 重建法国

我们的智慧能向我们提供有关事物
理论性的一般抽象知识，但是只有自信
才能使人对事物有实际的，特殊的和具
体的感觉。

——戴高乐

统一意志医治创伤

巴黎解放之后，摆在戴高乐面前的是一个满目疮痍的烂摊子。

此时，法国境内的德军还没有彻底被赶走，阿尔卑斯山山口、阿尔赛斯和大西洋沿岸还有残存的据点。

有200万座房屋被敌人摧毁，3000座桥梁被炸断，100万公顷的土地已无法耕种，家畜只剩下了一半，全国有三分之一的财富化为灰烬，还有大量的压得人喘不过气来的国债。另外，因为食物短缺，黑市开始猖獗，法国的经济已到了崩溃的边缘。

戴高乐深知要渡过难关，必须有一个统一意志的强有力的政府，加强政府的权威将是头等重要的大事。

为了便于工作，戴高乐把家搬到位于巴黎西部的一幢有花园的房子里，从窗子里能看到德布劳涅森林。

戴高乐更多的时间是待在圣多米尼克街国防部大楼的办公室

里。他成了最忙的"公务员"，每天早早离开家来到办公室，在这里主持部长会议、倾听众人的意见，当意见出现分歧时，他当机立断的意见就是结论。

他经常加班，很少有时间与家人在一起。但是劳累丝毫没有影响他对法国前途的思考。他把维护法国的荣誉，要法兰西跻身世界大国当作自己义不容辞的责任。4年的风风雨雨和艰难坎坷，难道不就是为了实现这个目标吗？

1944年8月28日早晨，戴高乐把抵抗运动的军事领导人召到他办公的地方，让他们在前厅站成一排，然后神情严峻地走进来，和军官们一一握手，一边说："有这么多上校。"

他问一位军官："战前您是做什么工作的？"

"教师。"

"那么，请您回到学校去。"

"您呢？"他问另一位军官。

"我是工程师。"

"您必须回到工厂去。"

这些军官就这样被戴高乐"复员"了。

到了下午，戴高乐召集抵抗运动全国委员会的人员开会。这些政治领袖们被告知：委员会随着巴黎的解放已失去存在的意义。国内武装力量的高级指挥部应该解散，国内武装力量要并入法国军队。

　　抵抗运动作为集中的有凝聚力的政治力量，就这样被他戴高乐"消解"了。

　　戴高乐还视察了许多解放了的城市。在波尔多，在巴赛和里昂，戴高乐发现抵抗运动的领袖并没有真心妥协，他都以强硬的态度迫使他们屈从。

　　当戴高乐在9月5日宣告代表"民族团结"精神的新政府成立的时候，他改组了临时政府，自己担任总理兼国防部长。全国抵抗运动委员会中的两名共产党人加入内阁，参加内阁的还有社会党人和"人民共和运动"的代表，甚至包括了右翼势力和知名人

▲戴高乐回到解放后的巴黎

士，他的政府得到社会各阶层人士的认同。

戴高乐在夏约宫召开的8000人大会上，把政府的政策和目标告诉给法国的民众。

讲话一开始，戴高乐就严厉地重申："不容许有脱离政府，妄图干涉司法和行政的任何组织存在。"

当戴高乐提到经济政策时，他说："在这样的非常时期，在国家还有很多困难的时候，个人利益需要服从整体利益，国家巨大资源的经营和管理要有利于全体国民，要永远消灭投机赢利联盟。"

在以后实行这些政策时，戴高乐提出进行社会改革的口号；政府要把电力、能源、煤炭、银行和保险公司收归国有；在工厂实行劳资合作，让工人参加企业管理，"工人的劳动和资本家的资本具有同样的权利"；工人的工资要提高，劳动条件要改善。在土地问题上，戴高乐还保证不驱逐农民。

戴高乐的改革让少数特权阶级怒不可言，他们认为这些措施颇有社会主义的味道，是把共产党的政策拿来为我所用。

一些人终于按捺不住，一个由各政治团体代表组成的代表团谒见戴高乐，他们要求："以后政府如果做出什么决定，决不能违背咨询议会的观点。"

戴高乐认为，这简直是对政府权威的挑战！他神情冷峻地回答："法国抗战运动大于各团体，而法国又大于抗战运动。我是

以整个法国的名义来履行我的使命的，而不是以一个派别的名义。在下届大选前，我要对国家的命运负责，我也只对国家负责。"

新的政府继续推行旧的经济政策，在11月6日至19日之间，还发行了"解放公债"1100亿法郎，抑制了恶性通货膨胀。国家手里有了钱，生产开始顺利恢复。

戴高乐还面临着混乱的国内秩序。战后的法国，人民的积怨太多了，那些法奸胡作非为，曾经残害了无数人的生命。现在人们的愤怒爆发了，有的游击队员随意制裁通敌者，有的人不经法律手续就处决法奸。

戴高乐想：决不能让西方盟国借口法国秩序混乱，来插手法国的事务。他因势利导，在全国开展了有秩序的清算法奸叛国罪行的工作。高等法庭建立起来了，一切都按法律程序审判。

戴高乐主动承担了最后审定的任务。

一天，刑事案件的负责人莫里斯·帕坦把一堆卷宗送到他的办公室。戴高乐听完莫里斯的汇报，提出一些自己的意见。

有的案子太复杂，戴高乐需要了解得更多，于是他对莫里斯说："这几件案子的卷宗我要拿回家看看。"

"您这样做是不是太辛苦了？身体会吃不消的。"莫里斯小心地提醒说。

戴高乐耸耸双肩，摊开双手："咳！为了对上帝负责，我只能这样做。"

他几乎每天都要开夜车阅读卷宗，感到疲惫不堪。结果，许多被判死刑的人，在他那里改成了死缓。

审判工作取得很大成绩，维希政府官员有108人受审，有779名法奸被处决。法国盖世太保的两个头目波尼和拉芬，维希政府的总理赖伐尔被判死刑。

另一个投降派人物贝当被判死刑，又改为无期徒刑。

法国的重建刚刚起步，在内政和军事上的任何一项成就，都会增加法兰西共和国临时政府在外交上的分量，这一点，在巴黎解放后更使人感受至深。因此，戴高乐的目光又投向重树法国欧洲大国地位的事上，这是他从来没有放弃的目标啊！

力争联合国席位

1944年10月下旬，美、英、苏相继正式承认了法兰西共和国临时政府。接着，戴高乐首次以一个大国元首的身份正式邀请丘吉尔与埃登访法。

11月11日，他在巴黎以东道主应有的热情接待了这两位对法国的今天建有不可磨灭的历史功勋的英国人。

就是在这次会面中，丘吉尔向戴高乐透露了莫斯科会晤的细节。一个月前，斯大林和丘吉尔在莫斯科会面，商讨关于东欧的方案。此时可以说，不管法国的力量是多么微不足道，但作为东欧的重要人物，戴高乐成了唯一能够牵制斯大林的西方国家首脑。

这次会面的确巩固了法国与英美抗衡的实力。同时，斯大林对德国的仇恨有助于实现法国控制莱茵河左岸的野心，这是法国历代国王的梦想。

在同英国缓和关系、拉近距离的同时，戴高乐也向罗斯福和赫尔发出了同样的邀请，但却被他们婉拒了。因为此时，罗斯福邀请了英、苏、中三国代表参加在加利福尼亚敦巴顿的橡树园会议，讨论成立联合国的初步方案。联合国是一个由主权国家组成的国际组织。世界上绝大多数国家都是联合国的成员国。

　　在整个战争期间，戴高乐念念不忘的是法国作为一个大国的历史地位，力图使法国在战后作为一个殖民大国继续存在。罗斯福和赫尔拒绝戴高乐的邀请，这对戴高乐来说是个较重的打击，也是个重大的挑战。

▲戴高乐和丘吉尔通过凯旋门

因为法国要想重新跻身于大国行列，首先得争取参加战后盟国的对德管制并成为未来的联合国安理会的常任理事国。而现在显然又是在受排斥！

正在这尴尬时刻，莫斯科出人意料地打出了一张牌：正式邀请戴高乐访苏。这使戴高乐看到了一线联苏与英美抗衡、为恢复大国地位创造条件的希望。

戴高乐分析到：苏联出于自身利益，愿意看到法国重返国际舞台以便在西欧起到某种平衡作用；同时，在防止德国人东山再起问题上，苏联和法国也存在着共同点。于是，他高兴地接受了这一邀请。

1944年11月24日，戴高乐在毕杜耳、莱安和帕莱夫斯基将军陪同下，由苏联大使鲍戈莫洛夫当向导，取道开罗、德黑兰、巴

▲罗斯福、丘吉尔、斯大林在"雅尔塔"会议上

库和斯大林格勒，于12月2日抵达莫斯科，当晚便与斯大林元帅举行了首次会谈。

戴高乐和斯大林会谈的中心议题是法苏联盟，其间伦敦突然来电，丘吉尔建议三方联合组成欧洲政府。

戴高乐对他的苏联伙伴说："法苏之间没有任何分歧，不能将法苏关系与英法关系相提并论，英法之间有太多的利益冲突。"

会谈期间，戴高乐与斯大林达成了协议，协议规定苏联不得通过波兰亲苏傀儡政权"卢布林委员会"实现对波兰的控制。戴高乐同意向卢布林委员会派遣一名观察员，但如得不到莱茵地区，他绝不放松波兰。

在接下来的8天逗留期间，两位抗德领袖又进行了多次会晤，终于签订了20年的法苏互助同盟条约。

临别之时，斯大林元帅热情洋溢地对戴高乐说："您尽管相信我！假使您，假如法国需要我们的话，即使仅剩最后一口汤，我们也要分着喝。"这个条约当然大大提高了法国的国际地位。

1945年2月3日，罗斯福、丘吉尔、斯大林三巨头在雅尔塔聚首时，斯大林突然坚决反对让法国在德国获得一个占领区并在盟国管制委员会中获得一个席位。罗斯福当然支持他。

这个消息把戴高乐气坏了。2月5日，戴高乐通过广播，公开对他们发出警告：

　　法国对于自己没有同其他国家以同等权利参加讨论和表示同意的事情，当然不受任何约束。我们确信能够实现这些条件中的某些项目，因为在与我们关系最密切的地方的周围，有上亿人口紧密地团结在法国的旗帜下。

　　这个警告的分量，大家都心里有数，因为戴高乐是个言必行、行必果的人；而英国，不论出于感情还是自身利益，都必须支持法国恢复她大国的地位。美国也出于与苏联抗衡的需要，不得不正视现实。

　　最后，雅尔塔会议终于确定，法国还是参加对德国的占领，并成为管制德国的第四个成员国、联合国大会的五个发起国之一。

　　戴高乐终于为法国争得了联合国安理会常任理事国的资格，享有大国否决权。

当选为政府总理

早在1943年5月27日，在全国抵抗运动委员会第一次会议上，乔治·毕杜耳得到让·木兰的同意，通过了一项决议。决议称戴高乐将军作为"黑暗岁月里法兰西抵抗运动的灵魂，从1940年6月18日起就头脑清醒，独立自主地为重建被摧毁的祖国，恢复被践踏的共和国的自由，一刻不停地做准备"。戴高乐早已成为法国人心中的英雄，戴高乐是法国未来必然的掌舵人。

戴高乐在后来光复巴黎的战斗中，仅半年就取得了这一系列重大成就。这无疑地更增添了他的威望，也更使他得到了大多数人的拥护。

然而，政权斗争历来是不见血的战争。在戴高乐凯旋巴黎后不久，法国政界上层中却出现了一股逆流。令戴高乐哭笑不得的是，尽管他自己每次出席会议，都受到了隆重的礼遇；发表讲演时，掌声会经久不息，但他的政策和计划却经常遭到抨击。

虽然他本人免于非难，但他的部长们却不能幸免。情报部长皮埃尔·亨利·德让、财政部长弗朗姆瓦·特曼东、国务部长莱恩·让纳内、司法部长亨利·弗蕾内，在咨询议会里都一一受到猛烈的攻击，甚至遭到臭骂！

戴高乐敏锐地认识到，这种情绪源于议员们对失去1940年前的至高无上的权力，仅成为纯粹的咨询角色的不满。他决定对这种不满寸步不让！

▲1944年8月26日戴高乐和民众在巴黎香榭丽舍大街

1945年3月19日，一个由各个政治团体组成的代表团谒见戴高乐，要求他今后作出任何决定均不得违背咨询议会所陈述的观点。戴高乐答复说："只有人民才拥有最高权力。在人民能够表达自己的意志之前，我有责任去领导他们。"

代表们争辩说，他们是代表抗战运动的。因此，在合法政权产生之前，他们有资格表达人民的意志。

对此，戴高乐耐心地，然而是义正词严凛不可犯地答复道：

你们受抗战运动各组织和党派的委托，当然有权发表你们的意见。正是这个缘故，我才设立了咨询议会并指定你们为它的成员。你们向政府提问题，政府向你们作解释；你们并向政府提出建议，通过这些活动来参与政府工作。

但是，我不同意超过这个范围。另外，请你们考虑，法国抗战运动大于各团体，而法国又大于抗战运动。所以我是以整个法国的名义来履行我的使命的，而不是以一个派别的名义，不论这个派别多么重要。在下届大选之前，我要对国家的命运负责，我也只对国家负责。

戴高乐已经隐隐约约地预感到，这伙人内心并不认为，只有他戴高乐才能"对国家负责"了。

5月15日，戴高乐在咨询议会会场发表从战争中吸取教训的讲演，博得了全场热烈的掌声。人们当场唱起雄壮的《马赛曲》，高呼"戴高乐万岁！"

许多重要人物纷纷表态支持戴高乐，特别是曾被德国人扣作

人质刚刚获释回国的人更是如此。那位六天后就宣布"有权不对任何人感恩戴德"的政治家、前总理莱昂·柏卢姆一恢复自由就声明说："法国依靠戴高乐将军复活了。我们能有像戴高乐这样的将军真是幸运。我在监狱里就一直希望我的党会支持他，整个法国都信赖他。他出任国家领导人，是我们国内团结一致的必要保证。"

那位曾被赖伐尔看上的爱德华·何德利先生被俄国人解放出来以后，在莫斯科电台广播说："我确信，我国人民已经团结在夏尔·戴高乐的周围，我将毫无保留地听从他的指挥。"

1945年6月，戴高乐的政治生涯达到第一个顶峰。当时所有人都认为戴高乐是法兰西的解放者和法国政府的领导人。他的政治地位，无论在国内或国际上，都很稳固。他设法削弱直至全部剥夺了抵抗运动的权力，同时把该组织的方针政策据为已有，以为他的政府所用。他迫使盟国承认法国在战后的大国地位。

最后，他设法使他最主要的潜在对手多列士俯首听命，多列士受命去招安共产党，使他们安分守己，不给政府找麻烦。总之，成绩之显著给人以深刻的印象。

如果以前人们还怀疑戴高乐的能力，那么如今则必须承认，戴高乐是真正掌握了政治斗争艺术的大师。

尽管贫困状况没有好转，腐败现象在战后法国也没有得以消除，重建工作中物质匮乏，困难重重，但戴高乐政府总体而言干得相当不错。经济运行中存在的基本问题，曾在4月份引发了孟戴斯·弗朗斯和普莱文的一场争论，但还没有进入公众的意识。

普莱文的相对宽松的政策比较吃得开。但最首要的因素，在于戴高乐依然是法国抵抗运动的象征。他那形状确实古怪的脑袋仍环绕着圣人才有的光环。整个法国仍旧陶醉于从占领下重获自由的欢欣快慰之中。

但半年后，戴高乐突然退出了政府。令世人震惊的是，他撇下了困难重重的政府，使法国失去了领导，自己一个人匆匆洗手不干了。这并非是暂时的策略性的引退，也绝非一时冲动，更不是为着政治上的讨价还价所做出的姿态。

尽管此后有各种各样的说法，但当时的戴高乐凭借自己极为丰富的经验已经看出，绝不能指望会在短期内再度出山。他之所以引退是由于战后法国的政治体制极大地限制了他工作的开展。他认为自己还能做的惟一事情便是在场外旁观，而且他坚信这场体制将以失败告终。但是他毕竟无法预见自己要等待多久。

回头看，导致他做出这一惊人决定的，是当时发生的一连串事件。而这一连串的事件，使他隐退的决定几乎不可避免，当然并非完全不可避免。他的光荣的法兰西的观念的确是崇高的，但他没有意识到法国人民想要的不过是和平。

他很清楚自己在战时取得了辉煌的成功，但是他无法使自己接受和平时期的政治生活中不能有过分的雄心和抱负这样一个现

实。也许最重要的原因在于，将军虽然懂得政治策略，却根本没有学会政治吹捧，而在和平时期这两者缺一不可，否则就可能下台。

也不能认为戴高乐夫人插手过多。她不是那种热衷于政治的夫人，她不过是告诫丈夫要提防别人的陷阱和暗地里的怨言，并提醒他每个人难免都会有失算的时候。

怨言当然是不可避免的。1945年的下半年，法国人重新发现了民主，并对民主倾注了极大热情。随着那些被放逐者、囚徒、以及过去第三共和国的政界斗士们纷纷返国，以前的争吵死灰复燃。争论的话题不再是如何使在本土抗击德国人的法国人与加入战斗法国的法国人求同存异，而是转移到战后法国地缘政治的整个问题。

四大政权团体，包括共产党、社会党、激进派和一个新党，自称是公众共和运动，叫它基督教民主党也许更好，在1945年夏召开大会。

埃里奥回到激进派中，布吕姆同社会党站在一起，多列士和杜克洛则在表述共产党的观点。但有一点他们是一致的，他们希望看到第三共和国崩溃，并产生一部由议会这一惟一由选举而产生的最高权力机构制定的新宪法。

他们对一个由公民投票来决定国家大事的政府不感兴趣。但对戴高乐来说，他们明目张胆地直抒胸臆，至少令他很不愉快，因为与这些政党的主张截然不同，戴高乐所要建立的正是根基于公民投票的大权在握的总统制政府。

戴高乐将军既不喜欢这种争论，而且事实上，在这一时期，对这种争论也毫无兴趣。正像他未来的总理米歇尔·德勃雷所感到的，直到欧洲胜利日，将军所想的，只是如何使法国能在战胜国的最高层会议上能有一席之地。

但在圣多米尼克路那些将军的同僚们却有着不同的见解。德勃雷、卡森、泰让和帕罗迪全都深陷于这场争论之中，戴高乐立即采取行动，试图通过吸收埃里奥，布吕姆和让纳内进入他的政府而化解问题。但由于只有让纳内接受了他的任命而使这一企图不能实现。很快便很清楚，这些"老政党"是绝不可能轻易就范的。

当将军开始认真对待这一形势时，他的反应体现了他一贯的作风。他非但没有听取圣多米尼克路的亲密同僚们的意见，而且对各政党的观点干脆束之高阁，便向部长会议阐述对于未来选举法的他自己的构想。

选举定在10月份，同时进行公民投票以决定是否需要一个新宪法。戴高乐已经堂而皇之地向各大政党提出了挑战，而各政党毫不妥协地应战了。于是将军与政党之间一场真正意义上的政治战开始了，在激烈的对阵之后，以各政党的胜利和将军的失败而告终。

当时将军一心想去波茨坦参加苏、美、英三巨头在那里召开的最后一次有关战争的会议，虽然他已经被排斥在外。事实上，这次会议本身并不重要，因为有关未来欧洲的重大决策都已经在1945年2月份的雅尔塔会议上做出了。但这毕竟是最高层的会议，而戴高乐对自己被拒之门外十分不满，便立刻宣布法国不打算接受波茨坦会议的任何结论。

被排挤于波茨坦会议之外，第三共和国卫道士们的反抗，愈演愈烈的通货膨胀，以及一场随时可能爆发的有关新宪法的激烈政治战，这些情况中的任何一项都足以削弱夏尔·戴高乐的极为坚定的意志力。而这时却又出现了新的难题。

4月26日，在一向很寂静的瑞士边境城市瓦洛布出现了一桩怪事。贝当元帅自1944年8月就隐居在德国，现在他决定返回法国面对审判。

他在给戴高乐的请求书中写道："只有在法国，我才能对自己的行为有所交待。像我这样年迈的人，绝不害怕尽可能地履行自己的责任。但愿我能履行'自己的责任'。"

不论怎样看，贝当的这一行为都不失为高尚之举。1945年7月23日，这位89岁高龄，耳聋眼花的老元帅，在正义宫接受审判。持续三个星期的审判，却一直处于司法混乱的状态。

首先，主持法官以及检察官先前都曾向维希政府的首脑宣誓效忠；再者，人们发现检察官莫内，曾经起诉过引人注目的1917

年的间谍玛塔·阿里。这类事件还发生了不少。最后，贝当决定，他只在审判开始时做一供述，此后将保持沉默。

审判将结束时，法官建议对贝当处以5年放逐并剥夺其公民权的判决。但陪审团认为这一判决太轻。他们判贝当死刑，但即刻建议缓期执行。戴高乐准予缓期执行。

对戴高乐将军来说，审判贝当的整个事件令他极为痛苦。司法部长泰让每天向戴高乐将军汇报审判情况的时候，戴高乐的反应总是非常不礼貌。"你要尽职。"戴高乐对他说："你要尽职。"

戴高乐不希望发生这场审判。毕竟在他的十多年的军旅生涯中，贝当是他的保护者，对他有知遇之恩，而且对戴高乐夫妇来说，许多次与元帅一道进餐的回忆，还有元帅的妻子妮妮，总是被冷落在一旁，一切都记忆犹新。

"他做出回国的决定，"戴高乐写道："是极富勇气的。"此外，戴高乐还认为，贝当仍然是"一位一度执掌大权而声名卓著的领袖。一位在危难时刻为众多法国人寄予信任的老战士，而且不管他做过什么，至今仍为许多人所尊敬或惋惜。"

这确实是事实。但戴高乐早年曾把"凡尔登的胜利者"贝当视作自己心目中的英雄，推崇备至则更是事实。当然，贝当在停战时承认失败就已经背叛了法国，但此次审判所涉及的内容并不在此，而是有关他在维希法国时期的所作所为。而戴高乐则认为

贝当在1940年的背叛行为与审判没有关系。

贝当审判后不久，戴高乐接到了出访美国的邀请，这使戴高乐得以摆脱让他心烦的国内问题。至少在美国，他可以再次以世界政治家的身份昂首阔步，而暂时忘却法国内政的种种烦忧。

哈里·杜鲁门总统将很乐于接见他，而他所受到的接待比之罗斯福时期要热情得多。8月22日，戴高乐将军飞抵美国，随从的人员仍是他的一些同僚和顾问，诸如比得尔、朱安、帕列维斯基以及一些外交官员。

在机场迎接他们的有美国新任国务卿巴恩斯·马歇尔将军和美国派驻巴黎大使凯弗里。气氛十分友好。

表面上看，两国的官方关系得到了发展。至少个人间的对抗情绪随着罗斯福的离世而消失了。"他在整个停留期间，"英国使馆档案中的一份电讯这样描述："始终表现出一种明显的要讨好别人的热望，并为此而伤透了脑筋。他不仅亲吻那些婴儿，这是每个热心的政治家所不能不做的。他还亲吻了市长拉瓜迪亚以及美国的参谋

▲戴高乐（左）访问美国会见马歇尔（右）

长们。"

正如戴高乐将军所详细记载的，杜鲁门与戴高乐在一起相处了7个小时，并在他即将离开华盛顿之际授予他一枚勋章，还赠给他一架四引擎DC4"空中霸王"运输机供他个人使用。

杜鲁门了解他的客人。"在以后的场合，"戴高乐后来写道："我们彼此之间一直好言相待。"戴高乐这样的写法是可以理解的。但美国方面，至少是官方的观点认为，重大的问题并未得到解决，而且双方就战败国法国的前途存在严重的分歧。当然杜鲁门认为，这次访问并不重要，以后，他在自己的回忆录上也未提及此事。

此次旅程中，戴高乐在华盛顿所参加的会议中，与让·莫内的那一次或许最为重要。会上涉及的完全是法国的国内事务。谈话是紧张而具体的。莫内刚同进出口银行协商了一项6亿5千万美元的贷款最高限额，戴高乐则在访问期间签署了该协议。莫内确信该协议会在未来法国经济中发挥作用。

莫内认为，针对法国的经济问题和它的现代化，如果不制定出一项协调有序的方案，情况不会自己好转起来而只能更糟。戴高乐将军对他的观点颇为赞赏，并要他将整个想法形成一份详尽的文字材料。后来这被证实是战后法国经济发展中至关重要的一步。

6月2日，戴高乐举行了一次记者招待会，第一次向社会公开

表明了自己对法国未来宪法的设想。然而，这个设想一公开，戴高乐便走上了一条孤独之路。那些几天前刚刚信誓旦旦地表示衷心拥护、爱戴、支持将军的政党领袖和政客们，纷纷通过决议或发表演说，指责"全民表决"、"向人民征求意见"的想法。当然，这些小小的不快干扰不了戴高乐为国家确立一个强有力政体的决心。

7月9日，戴高乐把一个选举和全民表决相结合的提案提交部长会议讨论。戴高乐坚信，人民会再次相信他，支持他，像以前的任何一个关键时刻一样站在他一边。

7月21日，戴高乐在广播讲话中把他自己的观点详细阐述给人民，他号召人民反对第三共和国制度，限制立宪议会的权力和任期。

法国一位古代哲人曾说过这么一句格言：对伟大人物忘恩负义，是强大民族的特点。欧洲一些较为强大一点的民族，都曾以他们的行为证实过这句格言。

7月25日，处理战后事宜的波茨坦会议还没结束，英国人突然抛弃了他们的战时首相、著名的反法西斯斗士丘吉尔，让全世界为之震惊；而法国人，也正打算这样做。

前总理莱昂·柏卢姆在演说中公开宣布："谁也无权要求执政，但我们自己却有权不对任何人感恩戴德。"

这里的"任何人"显然包括戴高乐，而需要"感恩戴德"

的，无非是指他艰苦抗战五年挽救了法国。

欧战结束后有250万战俘归国，要使这250万人得到安置，已经给本来财政就很困难的戴高乐政府带来了巨大的压力。而一些别有用心的政党却趁机控制了"全国战俘运动"这个组织，利用它来组织抗议游行，发起反对司法部长的臭骂攻势。

一些归国战俘举着"绞死弗蕾内！"的标语牌，吵吵嚷嚷地到医院和收容站前面游行示威，制造种种骚乱。

戴高乐自有他军人的方式来对付骚乱。他把"运动"的领导人召到办公室，向他们发出最后通牒："正在发生的事情是不能容忍的。我坚决要求，这类活动必须停止。我要你们对此负责。"

▲戴高乐回到市民中间

那些人吞吞吐吐道："战俘们爆发出来的这种愤怒情绪是理所当然的，我们无力制止这种行动。"

戴高乐直截了当地宣布："公共秩序必须维持。要是你们管不了自己的人，那么你们就必须立即书面告诉我，并宣布辞职。要是你们真的是他们的头头，那么你们得给我一个确切的保证，今天就停止一切骚乱。在你们离开之前，或者给我辞职书、或者给我保证，否则就把你们拘留在接待室里。限你们3分钟内作出决定。"

结果当然是以"停止骚乱"而告终。但这些现象的迭出不穷，使戴高乐越来越深信恢复战前的"多党政治"，对法国真的是又一场灾难。他认为：国家需要一个强有力的政体，这个政体应不受变化多端的议会多数的摆布。

戴高乐是有意把自己置身于任何一党一派的利益之上的，这种超然的地位使他看到：法兰西民族唯一的出路是实行总统制，领袖由人民直接选出，并凌驾于各党派之上；再由他选择一个不属于议会，因而能不受派别利益制约的，能为整个民族和社会服务的行政机构。在德国刚投降的那几天，戴高乐确实自信能解决这个问题。

正像预料的那样，他再次遭到了政客们猛烈的反对，几个咨询议会议员竟攻击他是个"波拿巴主义者"，"企图绞死共和国！"他也进行了针锋相对的反击。他雄辩地指出，他非但不希望绞死共和国，恰恰相反，正是他拯救了共和国。

最后，法兰西人民再次支持了戴高乐。但在接下来成立的立宪议会的席位分配上，却又预示了前景难卜。因为，人民的意见是永远代替不了政客们的意见的。戴高乐推测，各党都想自己执政，不会让他戴高乐继续担任总理。因此，戴高乐决定卸任，并向议会递交了一份声明："待制宪会议一选出自己的常务机构，我的政府即行辞职。"

11月11日，他在凯旋门广场主持了一次烈士追悼会。人们从各主要战场运来15口棺材，排列在无名英雄纪念碑周围。

戴高乐触景生情，想起5年间无数仁人志士的浴血奋战，换回的却是政客们为一党之私无尽的争吵，不禁百感交集，忍不住向与会的人作了感人肺腑、催人泪下的讲话：

　　　这些为法兰西捐躯但同法兰西一起凯旋的人，在日日夜夜决定着我们命运的战场上牺牲了的战士，经历了我们的一切痛苦和胜利的烈士，现在回来了！

　　　他们代表着在我国备受屈辱的时候，选择了光荣道路的许多人，他们现在安息在只有上帝才知道姓名、高举神圣的火炬、在30年战争的最初战斗中牺牲的民族精华的周围，受到2000年来为保卫祖国而献出生命的人们的英灵的保护。现在，他们聚集到这里来了！

但是，面对这些使我们流泪和自豪的死者，我们活着的法国儿女，应该接受他们刚刚留给我们的教训。

我们应该了解我们国家的安全很久以来就是没有保障的，因为在我国漫长的历史过程中，曾不得不为那样多的危急付出重大的牺牲！我们应该认清，祖国的利益永远是至高无上的法律，在严酷的世界和艰难的时局给它所造成的形势下，一切，是的，一切！都应该服从效忠祖国的义务！

为了医治遍体鳞伤的法兰西，我们应该团结如手足，如手足！这就是说，不作无谓的争执，迈着同样的步伐，唱着同样的歌曲，在同一条道路上携手前进。

当这些烈士到安葬他们的圣地去永远守卫首都以前在这里停下来的时候，当在我们旗帜下生活于我们领土的各个角落和海外各处的男女同胞们回忆我们的光荣并为死者默哀的时候，我们要让重新团结起来的伟大人民的视线和胸襟面向未来！

法兰西万岁！

将军深沉的讲话打动了人们的心弦，特别当他讲到"我们应该迈着同样的步伐，唱着同样的歌曲，在同一条道路上携手前进"时，广场上爆发了热烈的掌声。这使得那些利令智昏的政客们恢复了一点儿清醒。

　　1945年11月13日，由当年秋天人民选举产生的制宪委员会郑重宣布：

　　　　夏尔·戴高乐确实有功于祖国。

　　制宪委员会一致同意推选他为法兰西共和国政府总理。

　　新政府在戴高乐的强力领导之下，成立之初就取得了一些成就，法兰西银行实行了国有化，成立了全国信贷委员会，电力和煤气生产权顺利收归国有，还开办了国立行政学院。

　　至此，戴高乐重建法国战后家园的工作进一步展开。

在重建中宁折不弯

　　戴高乐刚刚当上政府总理，接连发生的两起危机，几乎完全遮盖了这些成就应有的光辉。第一次危机是机关公务员要求立即增加工资，否则就罢工。

　　第二次危机是在1946年元旦议会对新年度财政预算就要进行表决的时候，别出心裁的社会党人事先不打招呼就提出，要把国防拨款削减20％。戴高乐啼笑皆非，但又不得不认真花精力去对付这些恶作剧式的难题。

　　最令戴高乐伤心的，是议会最后竟支持立宪委员会的意见：建议取消未来共和国总统的全部权力，政府必须服从国民议会！

　　这是与戴高乐的主张完全背道而驰的。宁折不弯的性格使戴高乐迅速形成了这样的观点：与这些人是无法共事了。

　　戴高乐站起身，以一种恰如其分的庄重态度说："我和你们之间的分歧，在于双方对于政府和政府与人民代表机关的关系的整个看法不一致。我们已经开始了共和国的复兴工作。我离开以后，你们将继续这样做。毫无疑问，这是我在这个会议室里最后的一次讲话了。"

"我必须开诚布公地告诉你们，如果你们在做这项工作时不理解我们最近50年的政治史，如果你们不考虑政府的权力、尊严和责任是绝对必要的，那么，我可以预言，你们这样下去，迟早会有一天要对自己所选择的道路痛感后悔。"

但是，历史注定要到12年后，人们才能体会到"后悔莫及"的含义。可当时人们都无动于衷，甚至于心不在焉。

戴高乐再没多说，他选中地中海边的昂提布度过了7年多来的第一个一周的假期，然后回到办公室，又用了一周时间签署积压下来的文件。接着，他就开始镇定地为5年多奋斗历程画句号。

1946年1月20日，星期日上午，政府的各位部长们齐集布里安大厦盔甲大厅，等待着戴高乐的临时召见。9时正，戴高乐神情严肃地走进大厅，同大家握了手。

没等大家坐下来，戴高乐就宣读了出乎任何人意料的声明：

排他性的党派制度又要卷土重来了。我是不赞成这个的。但是，除非用武力建立一个我所不能同意的、无疑也不会有好结果的独裁统治，我无法制止这种尝试。

因此，我必须告退。

今天，我就要向国民议会议长递交政府辞职书。我衷心感谢诸位所给予我的帮助，并请求你们在继任人到职之前，各守岗位，以保证工作的顺利进行。

读完声明，戴高乐立即以标准的军人步伐，转身大步走出了盔甲大厅，走下了那个不是按他所认定的法兰西民族的最高利益

▲戴高乐回到已解放的法国受到法国人民热烈欢迎

建筑起来的最高政治舞台。

虽然戴高乐不声不响，也不攻击任何人就离开了他的职位，但政客们的心理负担并不因此而有所解脱。因为戴高乐离开盔甲大厅之后，国务部长普利文曾以痛苦不安的语调指责道："这就是你们各党派搞出来的结果！"

政客们担心戴高乐会通过电台广播激起全国人民对各政党的愤慨。从伦敦匆匆赶回的国务部长范桑·奥利约写信对戴高乐说："如果你有这个意图，这将会使国家分裂，使民主的敌人得利和称心。"

后来的事实证明，这一切担心都是多余的。

没有愤慨，没有指责，更没有分裂。法国人对这位恢复了他们荣誉的将军的下台连"为什么"都没过问一声。其实戴高乐内心深处，还是希望民众能有所表示的。

政客们皆大欢喜，现在他们终于可以告诉人们第四共和国和第三共和国是多么相似了。正如乔治·毕杜耳所说的那样："一个伟大的人不受欢迎，几个庸才倒很得意。"几个庸才成了游戏者，游戏的内容就是这三个支配议会的政党作出各种不同的席位排列。

1月24日，戴高乐辞职才4天，3个政党的代表便签订协议定下了游戏规则。政客们互相许诺言，今后不再热衷于进行攻击性的侮辱性的争论了，保证要"在政府、议会、报刊和全国"发扬

"忠诚团结的精神，来对待共同通过的决议"。

但不管玩什么样的游戏，有戴高乐在旁边注视着，政客们心里就感到紧张。特别是他拒绝了好意给他的一切荣誉，坚持只接受一个退休准将的养老金，更使人心神不安。

戴高乐离职3个月后，新任总理指示国防部长草拟一项法令，把戴高乐的军衔提到国家所能授予的最高一级。戴高乐知道后，立即写信谢绝。他说：

自从1940年6月18日我打破常规走上一条相当独特的道路以来，事态已以如此规模发展到如此程度，以致人们很难对一个史无前例的地位做出合法规定。

况且，在五年七个月零三天的英勇斗争岁月中，显然没有人曾想到需要作出任何改变。今天想要采取一项行政措施加以解决，会令人感到奇怪，甚至可笑。正确的办法是维持现状，如有困难，到时候死神会来解决的。

本着同样的精神，戴高乐把杜鲁门总统赠送给他的一架DC4型飞机交给了空军，并把自己的一辆美国大型轿车也卖掉了。他带着妻子伊枫娜和先天患病的女儿安娜，住到远离巴黎的可龙贝教堂村自己的一座旧房舍里，开始过起与世无争的乡村生活。

这种生活对于戴高乐，与其说是生活，还不如说是一种折磨。在他的思维中，已经不自觉地形成了一种"我就是法兰西、法兰西是我的"的定势，同时还有一种"只有我才是全心全意为了法兰西，只有我才能治理好法兰西"的强烈自诩意识。

这些意识促使戴高乐在近6年战斗生涯的内政外交上，不管是对米塞利尔、吉罗，还是对丘吉尔、罗斯福，都毫不顾忌自身的虚弱，表现出一种护雏的老母鸡式的情怀，寸步不让地回击了他们的每一次冒犯。

而今天，应该说自身的力量比当年是已非昔日了，却不得不把可爱的法兰西拱手让给一伙庸才去折腾！这叫他如何甘愿？他平静地辞职，是因为他确信：政客们的作为是不符合法兰西的利益的，第四共和国绝对会垮台，人民将大声疾呼他回来。

但是，回报他的，却是冷漠、遗忘，这叫他何堪忍受？既然法国人民再次被懒惰软弱易变的民族劣根性淹没，就不得不再来一次"六·一八"式的行动，法兰西仍然需要他的拯救和指引！

永远只为法兰西服务

戴高乐的名字开始从报纸第一版上面消失。不久，戴高乐将军和他的家人回到可龙贝教堂村。

这个风景优美的村庄位于法国东部，连接巴黎通往瑞士的公路卧在它的近旁。早在1933年，戴高乐将军在这里置下一幢房屋，后来又在上面修筑了一间小阁楼。朴素的宅院有一个小花园，周围是郁郁葱葱的树林和广阔的农田。站到窗前能看到奥比河谷的风光。在以后的岁月里，它成了戴高乐夫妇最喜欢的居所。

戴高乐在经历了政治上的残酷角逐之后，很迷恋这个温馨的港湾。他对读书很着迷。他最喜欢的是哲学家伯哥森的著作，还有夏多布里昂、圣西门和萨特的作品。

读书之余，在花园里漫步也是戴高乐的一大快乐。晚上和家人一起看电视，当看到足球转播时，他常会激动地大喊大叫。他也会和家人或朋友一起打牌，将军最害怕输牌，有时会偷偷做起手脚，妻子伊枫娜则装做什么都没看见，让将军充分享受赢牌的快乐。

戴高乐更多的时间是陪伴最钟爱的小女儿安娜，这是一个智残的孩子，她得到了父亲最真心、最强烈的爱。将军给她讲故事，带她散步，教她出牌，跟她在一起将军感到舒适和满足。不幸的是安娜后来因肺炎死去。

将军和妻子过着中产阶级的生活，经济上不宽裕。但他严词拒绝政府给予的养老金，只靠准将的津贴过活。他在加莱附近还有一个占地45亩的农场，那里的收入可以补贴家用。

他的性格随着年龄的增长有所改变，对于家人和来访者，常显出诙谐和幽默。他大发雷霆也在逐渐减少，他学会了控制自己暴躁的脾气，可是有一点却没有改变，那就是他的骄傲。

可是他的内心又渐渐泛起波澜，是那种深入到骨子里的对法兰西的热爱之情，又在促使他把关

▶戴高乐对自小残疾的女儿安娜倾注了无限怜爱和温情

注的目光投向法国的政局。也许应该说，这种关注始终就没中断过，只是退隐后是身处政权之外在远处遥望。

他每天听那台旧收音机里播出的新闻，那些政客们竟然又活跃起来，政府做的一切都让他大失所望。

辞职刚刚4个多月的戴高乐，开始深刻反省在他政治生涯的第一阶段中的种种经验教训。他对克劳得·莫里亚克说："我从小就有一个梦想，有一天我会成为法国的领袖，但是事情将以何种方式发生却是我所不能预见的。我一直觉得自己会出任国防部长，由此而一发不可收拾。"

反省之后得出了明确的结论。他的1940年6月的飞赴伦敦，以及后来战时为法国的领导地位所进行的斗争，都是某种畸变的产物，是种种机遇相加的结果，决不会再重演。从现在起，他必须在法国本土上，在和平年代的混乱政治局面中抓住机遇。从这一结论出发，戴高乐开始考虑他下一步的行动。

尽管戴高乐的辞职让很多人如释重负，但第四共和国的诞生并非一帆风顺。立宪议会制定出一部新宪法，但却在5月5日的全民公决中遭到否决。6月2日进行了新一届立宪议会的选举。选举结果同前一次差别不大，人民共和运动获得28%的席位，共产党26%，社会党21%，其他各党派所占席位也都和从前相仿。

就在此时，将军决定有所行动，他要就适合法国的正确宪法表明自己的思想。他为做这一阐述所选择的时间和地点都是精心策划和安排的。6月16日，他归国整满两年，而贝叶，正是他归国后第一次演讲的地方。结果场面并非像他所期望的那样可观。准备工作其实做得非常仔细，雷米和他的抵抗运动的老朋友们专门负责办理此事。

两年前，便是在这个广场上，那时仍未得到人们承认的准将，第一次在法国国土上对公众发表演说。如今这里已经搭起了高台。战斗法国的重要人物们现在都坐在主席台之上，其中包括阿让留、柯宁希、朱安、舒曼、苏斯戴尔，当然少不了忠心耿耿的帕莱夫斯基。作为前国家元首，戴高乐得以在警方摩托车队的护送下进入广场。

天公不作美，那天大雨倾盆而降，听众都急着回家，而戴高乐的演讲又过于冗长。讲稿花了两个月的时间才写好，读起来不太自然流畅。戴高乐用了近半个小时才讲完。而那时他的听众们早已成了落汤鸡，全身湿透。

这次演讲本身也并不很出色。当然，戴高乐提到了他新近的辞职，并声称他在法国人民刚刚选举了立宪议会便"退出舞台不仅是为了从政党斗争的漩涡中拯救出我们所象征的东西和属于整个民族的东西，更为着使个人的意志在我们治理国家的过程中不得以任何方式影响立法者的工作。"

这番讲话至少有点言过其实，但在当时却达到了他的政治目的。这就意味着对于法国应选择怎样的宪法，他自认为现在可以

全不顾虑自己今后有无可能成为政府公职的候选人而大谈其观点，别人也无法以派性来指责他。于是他就这样到处宣传他的主张。

他的建议同他以往所讲的没有什么变化：先要有一个由普选直接产生的立宪议会，然后是一个处于从属地位的修订法律的议院。议员大部分由地区或市的政务委员会选举产生，但也少数是来自在国家生活中起重要作用的不同组织。行政权应归属于由一个选举团所选举的总统。选举团的人员来自上下两院，加上少部分外来的代表，比如来自海外领土的代表。

按照美国的模式，将由总统任命的内阁部长们来处理国家日常事务。戴高乐没有提到司法系统，只是在他演讲的开场白中说司法要与立法和行政相分离。

以他在贝叶的演讲而论，没有什么东西很具革命性，或者哪怕是波拿巴式的独裁性质。况且实事求是地讲，这一演讲十分枯燥乏味。但在新闻界，这篇演说被看做是与民主的对立则立刻遭到攻击。报上发表的文章指责，戴高乐想确立的不过是波拿巴式的独裁统治，而戴高乐本人就是一个新波拿巴。

将军对此批评怒不可遏，他毫不掩饰自己的不满。两天后，他有意拒绝前往凯旋门参加"六·一"纪念活动，而去了一个叫做蒙民革里安的刑场。抵抗运动的许多领导人在此英勇就义。

他的这一行动饱含着深情，也达到了预期的感人效果。在这个刑场上，戴高乐与他的那些投身于解放事业的老战友们——握手，并紧紧拥抱一个父母双亡但仍佩戴着父亲的解放勋章的孩子。人们怀念起往昔的艰难困苦，无不泪眼相向。尽管有些犹豫，但有人开始高喊："戴高乐万岁！"而喊声一浪高过一浪，这喊声使戴高乐千言万语涌上心头。

当戴高乐准备讲话的时候，有人发出叫大家安静下来的嘘声，人们便都静静地等待着。戴高乐突然将身子挺得笔直，将他两只紧握的拳头伸向空中，形成一个巨大的V字，同时高喊："法兰西万岁！"这声音犹如最后的号角给人以力量。

戴高乐的这一举动充分展示了他善于表演和感染的能力，本应激起政府公开而尖锐的反击。但政党们正忙于组成新立宪委员会，稍不留神，便没有注意到戴高乐在贝叶的所有提议，因此他们一直安之若故。这反过来又鼓舞了戴高乐的支持者们。

7月28日在巴勒杜的又一次演讲过后，得勃雷前往科隆贝拜会戴高乐，试图说服他与人民共和运动并肩携手，领导该党夺取选举的胜利。而这一胜利，有了戴高乐的领导，必将指日可待。

但在此时，将军失去了得以卷土重来的第一次良机。人民共和运动是一个强大的政党，而戴高乐可随时取得该党的领导权。政府害怕了。然而戴高乐却拒绝了勃雷的请求。他的这一决定部分是受了自尊心的驱使，部分是受他原则的影响。

说到自尊，因为在他看来，人民共和运动的领袖们诸如比得

尔，舒曼，泰让和其他的人都已背叛了他；说到原则，因为他凭直觉感到，人们正在怂恿他加入的政党体制，在法国将一事无成。这一点他已经多次重申，要他出尔反而是不可能的。

戴高乐终于按捺不住，在1946年6月16日，瞄准不久前刚在投票表决中失败的新政府和它的宪法草案开了辞职以来的第一炮。

在法国第一个获得解放的城市贝叶，当时人们正为他于诺曼底登陆时访问这座城市两周年举行庆祝活动。戴高乐在贝叶发表演说：

> 事实上，在法国人民本能的求生存和求胜利的意愿中，他们从来没有把1940年的灾难只看做是一个由法国作为先锋的世界大战的小波折。如果说许多人在形势面前被迫屈服了，但是内心和思想中真正接受现实的人数却微乎其微。
>
> 法兰西始终认为敌人永远是敌人，救国的唯一途径就是拿起武器，争取自由。随着欺骗的面纱被撕碎，在现实中，深层的民族情感油然而生。佩戴鲁林十字徽章的勇士所到之处，临时拼凑的政府无不纷纷倒台，尽管表面上看，这些政府是按照宪法成立的。
>
> 一个政府不论在事实上，还是法律上，只有与国家

的最高利益保持一致，只有建立在人心所向，众意所归
的基础上，才是合法的政府，这是永恒的真理。

同样，国家的政体如果建立在其他基础上，就如同
建立在沙子上。天性使然，我们的国家经常会暴露在风
险之中，而在风险到来之际，我们的国家机器再一次在
我们的眼前倒塌是很可能的。

这就是为什么一旦国家安全在取得了胜利，国家统
一性被维护的同时得到保证之后，接下来最紧要的超越
一切的任务就是建立全新的法国政治体制。因此，一旦
条件许可，法兰西人民立即被邀请推选出他们的制宪会
议成员，同时明确限定的职权范围，以保证最终的决定
权属于人民。

随后，一旦列车进入轨道，我们也随即退出舞台，
不仅是为了不将我们在各种事件中所能象征的，属于整
个法兰西民族的东西卷入党争；也为了在一个人领导国
家时，不让对他个人的任何尊敬使得立法委员们的工作
出错。

这次"贝叶讲话"极为重要，戴高乐设立一个有能力保证政
府工作连贯性的"超越政党"的国家元首的概念。尽管它没有攻
击任何个人和任何政党，但它再次以事实指责了政党制度，并且

精确地预示了12年后颁布的第五共和国宪法。

在接下来的一段时间，他不断利用各种集会和新闻媒介，对第四共和国的宪法、对多党政治发动攻击。同时，他有时竟以一个普通公民的身份干预政府的人事安排或其他重大庆典活动。

1947年1月，暂任总理的莱昂·柏卢姆要委派勒克莱恩将军去印度支那担任总司令，勒克莱恩说，他在答复之前，得跟戴高乐将军商量一下。戴高乐不同意他去，他便拒绝了柏卢姆。

过几天柏卢姆下台，继任总理保罗·拉马迪埃重提原议。同时，刚担任总统不久的范桑·奥利约也规劝勒克莱恩接受任命。勒克莱恩有点心动了，但戴高乐仍反对他去，他虽然发了点脾气，最后还是拒绝了政府的委任。

3月30日，戴高乐在诺曼底的布伦埃瓦峭壁上发表了一次演讲，暗示了他的一些想法。他说：

> 总有一天，法国广大民众将团结在法兰西周围，摒弃无聊的把戏，改革不合适的结构，而这些东西正在使民族陷入歧途，国家趋于衰败。

同一段时间，因比利时摄政王访问巴黎，戴高乐似乎蓄意要侮辱第四共和国总统，竟拒绝了总统约他共进午餐的邀请。

这使第四共和国的政治家们感到很恼火，拉马迪埃总理就曾十分反感地大声说："谁也不是至高无上的救世主，谁也称不上恺撒大帝！"

当然这话他不敢当戴高乐将军的面说，反过来他还只能小心地去求他。4月1日午夜，拉马迪埃在拉布瓦瑟里约戴高乐会晤。他告诉将军，任何人都没有，也不会忘记国家对他的感谢。

但是，再也不能无视解放者戴高乐与政治家戴高乐两者之间的区别了。拉马迪埃总理彬彬有礼甚至是颇为诚挚地请求戴高乐将军协助第四共和国。但戴高乐却开诚布公地表示他不会"协助"。恢复共和国的是我。你们以为我现在要推翻这个共和国吗？这种责备是荒唐的。我只为法国服务。我永远只为法国服务。

组织"法兰西人民联盟"

1947年4月14日，戴高乐在斯特拉斯堡的一次群众集会上宣布，他将建立一个法国人民的大联盟。

这个联盟不是一个政党，而是一个规模广泛的民众运动，它将凌驾于各党派之上并吸收各党派的人员，在法律的范围内"对民众救国的巨大努力以及对国家进行的深刻改革加以促进，并使之走向胜利"，最后，"建立起一个新法国！"

同时，戴高乐将军亲自把这个运动定名为"法兰西人民联盟"。他对这个联盟寄予了莫大的期望。

戴高乐为推动法国进行改革而成立联盟的消息刚一宣布，在24小时之内，就有12000多名巴黎人报名，到5月1日竟迅速扩大至80万人。这里头，有从1940年就追随戴高乐的老战士，有其他各党派中对戴高乐本人好奇的人，还有更多的无党派人士，即小市民阶层的芸芸众生。

5月24日，戴高乐和另外5个人签署了"法兰西人民联盟的组织章程"。法兰西人民联盟主席，理所当然的是戴高乐将军本人。

此后，联盟力量迅速发展，最高时发展到150多万人。同时，在一些较低层次的政治活动中比如市政选举中取得了一些胜利，当然更主要的是戴高乐本人的魄力，使法兰西人民联盟日益在政治上站稳了脚跟。

戴高乐将军日益频繁地发表政见，给第四共和国的历届政府施加了巨大的压力。第四共和国只能依靠被称为第三势力的松散多数的支持，显得软弱无力。但它也真算是命不该绝，居然挺过了好几次内政、经济和外交上的危机。

时光延至1950年4月，美国人主持的北大西洋公约正式签订；6月下旬，朝鲜战争爆发。戴高乐又一次尝到了面对世界重大历史事件只能袖手旁观的痛苦。

10月3日，越南人民军把法国驻军赶出了高平要塞。戴高乐抓住这个时机，再次

▲戴高乐在巴黎发表演讲

发表演说，指出法国在印度支那已经打了5年仗，有点像美国卷入朝鲜的战争。他几乎是迫不及待地呼吁改变政体，他说：

目前，在法国卷入了一系列严重事件的时刻，我大声而冷静地奉告，现在还为时不晚，共和国的当政者们。你们的政体很糟糕！早在1940年，这个政体就把我们拖到悬崖边缘，一场风暴把它扫得无影无踪。只有不要这个政体，法国才能得救，这是有充分道理的。

但是胜利后，你们又搞起这个政体，它比以前的更糟。无论我对你们怎样大声疾呼，你们都不理解，法国没有一个公正而强大的政体，将大难临头。

至于我，全国都知道，我随时都准备执政，我将依靠愿意帮助我的人来挑起这副重担。

但当时，无论是谁，都看不出哪儿有一点非得请戴高乐出来执政不可的必要。因而他的呼吁没获得任何反响。

在这以后，戴高乐将军对自己发起的这个运动逐渐失去信心了。他发现，这个联盟不仅没达到推翻第四共和国这一主要目的，反而日渐走向了它自己的反面，成了个不是政党的政党了。

1952年2月底，执政仅仅五个星期的富尔政府倒台后，联盟秘书长苏斯戴尔被邀请参加组阁。

苏斯戴尔去请示戴高乐时，戴高乐明确指示他不要去，并让苏斯戴尔转告范桑·奥利约总统，戴高乐不会拒绝与总统打交道。

但苏斯戴尔不仅没转告总统，甚至在向报界发表声明时根本就不提将军的名字。将军因此而认为联盟在议会里的那帮人经不起他最为鄙视的政治游戏的诱惑，已经腐化堕落了。

于是，1952年5月6日，戴高乐将军从非洲回到巴黎时，正式宣布与法兰西人民联盟脱离关系。1955年，该联盟解体。

虽然将军因失望而脱离了法兰西人民联盟，但他并没有真正退隐。即使从1952年中段起，他只是偶尔发表演说或声明，更多的时间和精力，转而用在写作上。

此时，戴高乐不再干预政事，开始了《战争回忆录》的写作。他要借用文学这种形式，阐述自己的伟大抱负。他要回顾自己走过的道路，思考法国的命运，总结成功的经验，也检讨失败的错误。

既然他无法预知自己是不是还能重返政治舞台，那么就好好评价自己在历史上的地位，为自己树立一块纪念碑吧！他还希望他总结出来的思想能对治理国家有所补益。因为他永远把为法兰西服务当做自己神圣的使命和责任。

超负荷阅读和写作

在野期间，戴高乐一面注视着法国政局的发展，一面撰写回忆录。

他坐在阁楼里，写作得很艰辛。他用黑墨水一笔笔地写着，因为视力不好还戴着厚厚的眼镜片，他不断地修改，再由女儿伊莉莎白用打字机打出来，一位秘书帮助他准备相关的资料和文件。

在写作之余，他或是在小花园里徘徊，或是如饥似渴地阅读。房屋周围，有一万多平方米的园地，他的妻子伊枫娜带领一个园丁，把这里变成了一块圣地。圣地的中心，是个大花坛，上面用花草拼成了一个洛林十字式样。戴高乐自称，他在这里徘徊过1.5万次！而读书的兴趣，却使人感到他是要把被战争耽误了的时间补回来。

戴高乐在写作过程中，从来没有哪一位作家比他更自觉地把子孙后代放在心头。尽管他在辞去总理职务时就预言第四共和国必将垮台，并且从1947年起就尽一切努力使预言变为现实，但这个政权的顽强生命力，却使戴高乐有点吃惊地认识到：这种制度可能会持续多年，也许会持续到他年迈不能执政，甚至是在他去世后才会崩溃！

就戴高乐将军而言，他那伟大的抱负，他对历史的专注以及对文学的爱好，都意味着这部三卷本的回忆录不仅是一部杰作，而且是他为自己树起的一块颇为高大的纪念碑。

他再次读完了伯哥森的著作和他敬佩的夏多布里昂的作品，重读了裴居义、圣西门、拉罗斯·福柯、巴雷兹和艾皮克德蒂兹的作品。

俾斯麦的作品使他着了迷，所有法国作家论战争和政治艺术的作品也把他吸引住了。他一口气读完了海明威的《老人与海》，并且自然而然地把自己比作那位老人。令人吃惊的是，他甚至还读了园艺手册、气体力学、控制论以及制造马鞍的教科书！

这样超负荷的阅读和写作，使他的视力衰退很快。为了能恢复视力，他这位吸烟成癖的人说戒就戒了烟，可惜对视力帮助并不大。由于要考虑自己的"形象"，在公众场合他尽量不戴眼镜。

戴高乐的著作引起出版商的兴趣，他们争相要出版。戴高乐

最终选中的是出版过夏飞、福煦、克莱蒙晓和丘吉尔著作的著名的普隆出版社。他先后出版了第一卷《召唤》、第二卷《团结》，在第三卷《拯救》出版时，他已经重新执政了。

1953年秋，蓬皮杜开始进行出版谈判。这时第一卷已快完稿。伊枫娜劝将军改变死后才出书的打算，趁在世时出版全部著作，挣回稿费以养家用。

1954年4月22日，戴高乐夫妇请普隆出版社的业务经理和文学部主任夫妇共进午餐，以庆贺出版合同签订。

写作《战争回忆录》耗时六年。这部近150万字的鸿篇巨制是将军一生最重要作品，也是他成为成熟政治策略家的催化剂。

第一卷《召唤》出版于1954年10月，第二卷《团结》出版于

▲戴高乐发表演讲

1956年5月，第三卷《拯救》出版于1959年9月。时间跨度从1940年写到1946年，每卷两年。

在对"六·一八"以来一系列重大历史事件的叙述中，由于事过境迁，使他能站在比较客观比较冷静的立场来重新检讨自己的行为，并且能以检查当时可能采用的别的方案的价值来重新估价自己的行动。

对于将军来说，这是难能可贵的，也是绝对必要的！因为他并没有把辞职看做是卸掉了为法兰西应负的责任。在回忆录中，开头第一句他就写道："我对法国一向有一种看法，法国如果不伟大，就不称其为法国。"

这套回忆录一出版，便立即成了畅销书。到1963年12月底止，不算外文版，每一卷都印行了插图本30000册。第一卷印行普通本22.8万册，平装本27.3万册；第二卷各印16.9万和22.5万册，第三卷则是18.6万册和22.5万册。

这对于任何一位作家或政治家，都是些值得大庆特庆的数字！这么大的数字所带来的稿费，不仅使将军偿还了贷款，充实了"安娜·戴高乐基金"委员会的钱柜，而且使法国红十字会和其他各种慈善事业以及可龙贝教堂、教区，都得到了将军慷慨的捐赠。

将军尽管能从写作和妻女的关切中获得慰藉，但是，长期的退隐生活使他的忧郁之情有增无减。第四共和国历届政府所频繁

遇上的危机，每次都证实他对这种制度的抨击基本上是正确的。但它每次都又缓过气来，尽管是奄奄一息，就是不肯断气，徒增将军的意外和失望。

夜幕降临了，在可龙贝教堂村一幢有阁楼的房子里，烛光闪烁，气氛温馨。餐桌上摆着一瓶鲜花，是伊枫娜从花园里采撷的。一家人围坐在一起，正在庆祝戴高乐67岁生日，时间是1957年11月22日。

戴高乐坐在那里，后背已有些微驼，头发苍白，还戴着厚厚镜片的眼镜。岁月无情，他明显变老了，可是体态反而更匀称，显得气度非凡。他说话嗓音柔和了许多，不像过去那样失礼，语调也不再生硬。他心平气和地接受家人祝福，机智幽默的谈话引起阵阵笑声。

器宇轩昂的戴高乐

一位大使夫人曾经说过："将军不论出现在哪里，都有一种令人叹为观止的威仪。""只要他在场，他就是众人注目的中心。然而，他的容貌并不具有特殊的魅力。'威仪'是我所能采用的惟一的词。"美国国务卿亨利·基辛格也曾说过，将军所具有的人格力量，他以前仅在毛泽东身上感受过。

他的体魄使他的人格显得更加伟岸。他身高6英尺5英寸，这足以使他与众不同。他那挺拔甚至有点僵硬的军人身材和长长的颈脖使得他的自然身高显得招人显眼。他看上去像是一个惯于发号施令并监督其执行的那种人。在军队里，在战争期间，他显得过于自信、目空一切。

从青年到中年，戴高乐的体格与人格都显得有些咄咄逼人。人们怕他，有些人甚至不敢在他面前讲话，尤其是在他发脾气的时候。在后来的日子里，他的个性与身体动作都有所克制，因而

变得不那么令人畏惧。

但是那个时候，因视力逐年下降，他又养成了另一个令人不安的面部表情，即"目不转睛的直视"。与他颇具力度的身体动作和其他特征形成鲜明对比的是他那双又细又长的手，一双音乐家的手，他与人握手时显得软弱无力。虽然这让人吃惊令人费解，但这种对比反而使他的个性更具魅力。

对自己的体形，戴高乐本人自惭形秽。他意识到自己的"与众不同"之处：笨拙的走路姿态，鼻子大，耳朵宽，脑袋小，缩下颌。这些都使他不安，羞怯。首先，他不喜欢自己的脸。"我几乎从不照镜子，"他说："除非万不得已，比如要在电视上亮相。"其次，他对自己的身高与体形也不满意。

他在描绘1944年7月胜利凯旋后行进在香榭丽舍大街接受人们欢呼时这样写道："我既没有令公众着迷的形体，也讨厌哗众取宠的姿态和手势。"另外，他高大的身躯也为他上下车带来了极大不便，而且一般的床他的腿又伸不开，让他很难受。有一天，他告诉若克斯说："我们向来都不很自在，"他笑了一下，接着说："我是指巨人。椅子总是太小，桌子又太低，留给人的印象往往过于深刻。"

那时候，戴高乐自己也承认天生羞怯。不只因为他的形体，他的整个童年及所受的教育都使他时时处处局促不安。他所成长的环境充满了对世界的偏见和离奇古怪的观点。一旦他发现别人的观念与自己的看法截然不同并发生冲突时，偏见就变成了自以为是。他缺乏宽容的教导，他不会承认自己有错的时候。这样做就等于推翻了他的父母及耶稣会教士们灌输给他的一切。他惟一的回答便是离群索居，与世隔绝。

当与陌生人或熟人交往时，一道屏障会拦在他面前。在外人看来，他似乎总是很孤独沉默。他很少以教名称呼别人，也不许他妻子以外的人这样称呼他自己。他经常使用人们熟悉的"你"称呼自己的子孙及圣西尔学校时的伙伴们，但却很少这样称呼他的妻子。他不喜欢别人碰他。

地中海沿岸的法国人与人交谈时常常喜欢抓住他人的胳膊或用肘碰他人以便突

▲戴高乐乘车与民众见面

出强调他们的观点。这时候戴高乐往往吓得往后躲。即使同最亲密的同事交往，他也寡然无味地按程序和礼节办事。

不但丘吉尔注意到了戴高乐与人交往时这道障碍，麦克米伦也有同样的感受。1943年他在阿尔及利亚时，他决定参观一下位于蒂帕萨的罗马废墟——地中海沿岸的一条小路。戴高乐提出陪他前往。他们在穿过废墟时，边走边谈，"内容无所不包，如政

治、宗教、哲学、古典文学、历史等等。"

但是后来，当麦克米伦脱了衣服下海游泳时，戴高乐就是不肯接受他的邀请一同下去，而是戴着军帽，穿着军服，束着腰带庄严地坐在一块岩石上。接着麦克米伦把他描述成"一个奇怪、富于魅力却又让人难以接受的人。"

与此同时，戴高乐喜怒无常，性格乖戾。他发怒时就如同火山爆发，身边的人唯恐避之不及，这使他更感到孤独。实际上，他需要把自己封闭起来，不在公众面前暴露内心的真实情感。他甚至围绕此点建立了有关领导科学的整个哲学。

第四章 东山再起

权威来自威信，而威信则主要是一个感情，情调和印象的问题，它主要是由于一种天赋，一种无法剖析的天生的颖悟。

——戴高乐

危难之时显身手

    1957年11月22日，是夏尔·戴高乐的67岁华诞。这天在布瓦赛里，家人们聚在一起举行了一个小型的庆祝会。戴高乐已开始见老了。身体已发胖，他腹部肌肉已松弛，背也有点驼了，须发变得稀疏而灰白。他的脖子挺得不那么僵直了。而且随着年龄的增长，变成了双下颌儿。这使他本来不大的头部向前突得不那么明显了。甚至因为他现在高度近视，不借助厚厚的眼镜，看东西时就得使劲往前靠，也减弱了他那双硕大的耳朵所形成的强烈的观感效果。

    但无论从哪个方面讲，尽管有了这么多变化，他的身材给人留下的深刻印象，比之20年前却毫不逊色。事实上，这些变化在很多方面使他更加有魅力有风度更富于睿智，而不再仅仅是坚忍倔强。他的体格，比之常人，仍过于高大，然而却已经匀称得多了。

年龄的增长，使他的嗓音也变得日渐柔和，不似过去那样尖利。诚然，一如既往，他仍可经常发出过去那种号音般激越的语音，但通常他说话的腔调已不那么生硬。

伴随体格上的变化，他性格也变得温和了。布瓦赛里的客人们注意到，他不像从前那样总是咄咄逼人。而且有些时候，他的确打算倾听别人的见解。他日子过得更从容，人也更机智幽默，而对待他的亲朋好友，则更充满深情。

然而所有这些变化都不能从根本上影响戴高乐的性格。他仍旧雄心勃勃。到1958年初，感到自己的生命已悄然翻开最后的一章，戴高乐对于重新掌权表现得急不可耐。

"他根本无法想其他的事情。"蓬皮杜向朋友透露说。他常常认为自己已开始觉察到政坛风向的变换。正如他在那年3月底对老兵协会的代表们所说的："在过去的两年里，人们已开始觉醒。如果这种公众意识进一步发展，并且在各种事件以及现政权愈发瘫痪

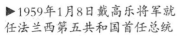
▶1959年1月8日戴高乐将军就任法兰西第五共和国首任总统

的压力推动之下变得更加澎湃，那么我将直面我的责任，再度将国家大权集结到手中。"想到此，戴高乐变得轻松兴奋。

尽管情绪会一阵阵变得很乐观，但他对前景并没有太多的指望。他也知道，妻子对政治没有什么兴趣，想让他留在科隆贝安度晚年，而且岁月不饶人，他确实老了。另外，伊冯娜认为戴高乐作为法国解放者的声誉是不可动摇的。不应再到一向风云多变的政治舞台上去做新的尝试，这实在有些铤而走险。

在后来的这些年头里，将军对妻子的意见更加重视。此外，所有民意测验都显示法国人民根本不想让他重返政坛。这尽管令人扫兴，却是事实。

在极度失望中，1958年3月底，他对英国大使格莱德温·杰布说他会死在现政权垮台之前。听着对前途如此颓唐悲观的估计，杰布惊奇地注意到，将军的眼中噙满了泪水。这位老人显然认为自己的时光已经所剩不多，他有一种壮士迟暮、英雄末日的悲叹。

实际上，就在将军同杰布进行那次感伤谈话的同时，第四共和国正陷进一场将军早已预言的全面爆发的政治危机之中。此后仅九周，夏尔·戴高乐将军由政治激素而青春焕发，由权力激发而再添活力，完全按照合法程序，再度成为法国独一无二，高度自主的统治者。

那九周的风风雨雨，无疑是现代政治中最引人注目的篇章之一。危机当然根植于第四共和国的飘摇政局，但最终的总爆发却在阿尔及利亚。诚然，法国人所称的"叛乱"早在二战末期就已开始。但直到50年代中期，局势一直得到了适当的控制。但法军在印度支那的失败以及因此而蒙受的耻辱，使它下定决心不能在阿尔及利亚败局重演。

这一决心，加之巴黎更迭频仍的政府全都软弱无能，导致军队在阿尔及利亚以更加暴戾的方式胡作非为。而更糟糕的是，军队越来越多地行使管理国家的职权，这必将导致军队更为公开的政治化。

这可不是一件小事。军队在阿尔及利亚的行为，正在侵蚀在法国历史的绝大部分时间里都岿然不倒的一大传统，即军队对文官政府的权威的服从。

为争夺法国的控制权而进行的激烈斗争即将开始。正如许多此类的争夺，其结果必然是主要对阵双方军队和第四共和国两败俱伤，而由未陷入初始阶级斗争的第三者来收拾残局，解决问题。随着1958年5月的过去，将军愈发坚信他便是那个第三者，那个惟一能拯救法国的人。大权已非他莫属。

当然，还有其他一些人也一直在为戴高乐活动。在过去的一两年里，那些忠心耿耿的戴高乐派人物德勃雷、苏斯戴尔、沙邦·戴尔马、勒内·加比唐、还有新近加入的弗朗索瓦斯·莫里亚克、吉沙和其他人，常在星期三共进午餐，讨论如何推动共同

的事业。

设在索尔法里诺街的办公室也一直在保持运转。但是，除了在立宪议会内外继续同政府对立，他们大多数人所能做的实在有限。

尽管如此，沙邦·戴尔马，作为老法兰西人民联盟的余部所组成的戴高乐主义社会共和党人的领袖，在1957年11月出任弗利克斯·加亚尔政府的国防部长。

让人不可思议的是，他仍被允许继续其为保证戴高乐东山再起而进行的毫无遮掩的努力。这些努力中最明显的例证，便是任命一个同属戴高乐派的下院议员莱昂·德尔贝克作为国防部驻阿尔及尔心理战顾问。

其实这一任命不过是个掩人耳目的借口，而德尔贝克真正的使命是将军队和当地白人拉到戴高乐一边。从1957年12月到1958年5月初，德尔贝克在沙邦·戴尔马的指示下，往返于巴黎和阿尔及尔之间28次。他们讨论的，当然不是阿尔及尔心理战的问题。

对所发生的大部分事件将军予以密切关注。他的信息一方面来自索尔法里诺街办公室送来的简报，一方面来自科隆贝的访答。年轻的吉尔沙较晚成为将军的部下。他这样回忆道：

我们没有把每件事都告诉他。我们告诉他所有他需要知道的事情。

然而，不管将军到底知道些什么，他既小心避免在任何公开场合就阿尔及利亚问题发表观点，尽管他私下早就认为，只有分阶段的独立才是切实可行的解决办法，又极力避开有关他可能通过非法途径夺取政权的种种说法。他不准备发动一场军事政变，但也不想阻止那些有政变企图的人。

历史常常惊人地相似！戴高乐关于外敌的无情的预言，当时第三共和国的法国人不相信，结果几乎使民族陷于毁灭；戴高乐关于内政的预言，第四共和国的诸公也不相信，结果无可避免地面临着一场危险的内乱！这两次大危机都说明，戴高乐所坚决反对的多党政体，确是法兰西民族的灾难。

戴高乐的心情变得躁动不安，他明显感到时不我待，生命在消逝。无论他在做什么，想要重新步入政坛的想法顽固地占据着他的头脑，简直是挥之不去。

第四共和国已经存在12年了，虽然在恢复和发展经济上做了不少好事，可是政治生活却一片混乱。戴高乐深恶痛绝的党派政治让法国在11年的时间里，出现了17位总理，21届政府，时间长的是一年多，短的只有两天。这样像走马灯似的政府哪里会实行稳定的政策，一旦出现危机，就会束手无策！

第四共和国忽视了一个不该忽视的问题：由于阿尔及利亚和

杜尼斯都属于法国的海外领地、法兰西帝国的成员，它们与法国的纠纷是法国的内政问题。现在加亚尔政府竟然接受外国对法国主权事务的干涉，当然是辱国丧权，腐败无能，因此只有下台！

到了这个时候，人们便怀念起维护国家主权寸步不让的戴高乐将军来。

然而，现在的将军再不是12年前的那位一触即发的将军了。在野12年，并不仅仅意味着人的年龄又老了12岁，它还将显示它成就了一个更为精明机智的政客。通过对时局的综合分析，戴高乐深信自己表态还为时过早。

戴高乐认为，第四共和国的现任总统科迪不具备一个总统应有的权威，第四共和国实际已经管不了事了。科迪手下已只有两个人可以利用，一个是过去属于戴派的勒纳·普利文，一个是人民共和党的领导，阿尔赛斯人皮埃尔·福林姆兰。戴高乐打算静观其变。

这次内阁危机把科迪总统拖得焦头烂额。加亚尔政府垮台，议会四分五裂，将军们怨声不绝，政客们畏缩不前，国民人心浮动，骚动不已！他先后邀请在议会中的阿尔及利亚白人移民毕杜耳、普利文出面组阁，都是转瞬即败。

他极秘密地派了他的卫队长去找戴高乐的亲信探讨戴高乐出来组阁的可能性，但据说戴高乐的条件是不出席议会，但又得在他不在场的情况下投他的信任票，授予他处置问题的全权！这使科迪总统既吃惊又灰心。

实在没办法了，只好召见人民共和党领袖福林姆兰，盯着他说："你是我最后的一张牌了。要是你也搞不成，那么唯一的出路是：请戴高乐将军出来。"

福林姆兰信心自然也不足，但这毕竟是一次机会，便也愿意一试。他却不知道，他在《阿尔赛斯消息》发表的一篇探讨与阿尔及利亚民族解放阵线谈判的可能性的文章，正戳到了法国军队的痛处。

因为法军深深地陷入了阿尔及利亚问题，他时刻都提心吊胆地害怕自己与阿尔及利亚同被法国本土抛弃。法军将军们是绝不肯与他合作共事的。

转眼到了选举，在巴黎的福林姆兰召开国民议会，投他的信任票。不想3个小时之后，在阿尔及尔，有上万群众聚集在总督府大楼前的广场，在一个身材高大满嘴胡须的学生领袖鼓动之下，激动的群众涌进总督府大楼，把办公桌、公文柜里的东西全部抛出窗外。

军队和保安人员站在一旁眼睁睁看着，不知如何是好。最后直到马旭将军出面宣布成立一个负责行政和军事的公共安全委员会，并由他自己担任主席，骚乱才逐渐平静下来。

一位权威人士发出和平的呼吁，重申使阿尔及利亚归属法国的坚定决心，只有这样才能挽回局势。

在巴黎，福林姆兰的投票选举直拖延到凌晨，才被当选为第四共和国倒数第二届内阁总理。

半个小时后，在阿尔及尔，马旭将军出现在阳台上，告诉仍然停留在广场上的人们：由于共产党人参与策划，新总理已被批准就职。

他首次公开呼吁，请求戴高乐将军打破沉默，出来号召组织一个公共安全政府。唯有这样的政府，才能把阿尔及利亚从外交上的奠边府惨败局面中拯救出来！但戴高乐仍没答复。

在巴黎，福林姆兰正儿八经地发表任职演说。同时，在爱丽舍宫广场，右翼分子的示威队伍边游行边高呼"让马旭掌权！"左翼分子则聚集在共和国广场，高呼"绞死马旭！"新政府派警察逮捕了50名左翼组织人员和六名军官。

在阿尔及尔，一个阳光灿烂的地中海早晨，莎朗将军登上总督府大楼阳台，向骚动不已的庞大人群喊出了他们爱听的词句："法国万岁！""法国的阿尔及利亚万岁！"最后是"戴高乐万岁！"

而在可龙贝教堂村，这几天，戴高乐直到深更半夜还在听广播、接电话。大家都迫切希望他能讲点什么。1958年4月15日这天，有三百多名记者挤在本不宽敞的戴高乐总部。17时，戴高乐将军终于打破了沉默，发表了一个公开声明。

声明很简短，但直言不讳：

今天，当国家再次面临考验时，她一定知道我已经做好了接管共和国权力的准备。

这个声明公开发表，不亚于一颗重磅炸弹开花，局势更加混乱，有人叫好，有人抗议；而那些好斗的极端分子，更不惜冒内战的危险来摧毁第四共和国。这便为戴高乐提供了一个施展政治策略的机会。

他对有关问题不做正面答复，反而宣布说，将在4月19日下午举行记者招待会。

这个决定将危机自然而然地延长了3天以上，以便它进一步成熟。而且这3天的时局变化也确实出现了许多戏剧性场面，使新政府惶惶不可终日，内政部不得不宣布紧急状态3个月，以戒备一触即发的内战。

到了4月21日这一天，所有通向戴高乐租住的凡尔赛宫旅馆的通道都被封锁，只有具有特别许可证的人才能通过警戒线。当将军下午露面时，大约1200名文字记者、30多名摄影师和100多名新闻图片记者把旅馆门前的草坪挤了个水泄不通。

这是将军近3年来第一次公开露面。在他退隐的日子里，人胖了，也老了，引起了人们许多感叹。而且，他的性情也比盛年时期祥和多了。

招待会开始时，他就很谦虚地说，他认为自己可能有用，因为政党制度已经失灵了，因为他是孑然一身，不属于任何一人，然而也属于所有的人。

有人问他："你所说的共和国的权力是指什么？"他模棱两可地答道：这些权力只能是共和国授予的权力。接着他追忆了自己曾经拯救过共和国，并列举了1946年他曾建议的种种改革。

他在回答另一个问题时借机赞扬了军队，说军队在防止暴乱方面干得不错。他说："如果戴高乐在非常时期被授予非常的权力，以执行一项非常任务，那么显然不能按照老一套规矩办事，那一套现在大家都受够了。"

有的记者提出了人们最关心的一个问题："你想没想到，就在你发出呼吁的时刻，阿尔及利亚的暴乱正面临失败；你一直在给煽动分子打气。你的记者招待会使他们增添了力量。"

戴高乐模糊地答道："责任问题可以到以后再追究。眼下有这么一个事实：对于被称为'煽动分子'的一些领导人，政府当局并没有进行任何制裁，反而授予他们全权。而我，目前并不是政府当局，你们有什么理由要我称他们为煽动分子呢？"

记者又问："如果你重新上台的话，你是否会侵犯公众的自由？"

"我做过这样的事吗？"老人惊讶地反问道。"恰恰相反，当公众丧失了自由时，我使他们恢复了自由。我今年67岁了，到了这样年纪才开始独裁者的生涯，这话可信吗？"

这话当然不可信。其实在举行记者招待会之前，戴派人物已经制止了一次老战士行动委员会一些极端分子策划的暴力行动。这已经让人相信，唯有戴高乐才能防止暴乱，才能防止合法政府被暴力推翻。

无数的法国妇女也在为埋葬多党政治出力。法国解放战役中她们曾把自己的丈夫、兄弟和儿子送进戴高乐的部队，这次轮到她们自己上阵了。

她们收集了部长们的私人电话号码，时常打警告电话给他们；另一些妇女则从全国各地寄发了成千上万张明信片，要求政客们滚蛋，把权力交给戴高乐！吵得部长们都不敢住在家里，只好跑到朋友家去过夜。

福林姆兰的假日别墅早被塑料炸弹炸坏，他只能待在办公室，靠服用大量的兴奋剂使自己不至于躺倒。

记者招待会之后又是让人紧张得喘不过气的一个星期。谣言四处流传，人们更加不安。

回到可龙贝的戴高乐密切注视着时局。他非常失望地注意到，局势已发展到内战的边缘了，那些政客竟仍不甘心地抓住权力不放。如果再固执下去，请求戴高乐出来防止流血事件的机会就要永远失去了！因此他打算迫使他们摊牌。

但是动乱的局势仍在发展。内务部向内阁提出报告：科西嘉

岛的叛乱行动将在法国本土重演。戴高乐得到消息时，真的急了，因为一场无谓的流血已然迫在眉睫！而将军们对戴高乐本人，则一直是怀有敬畏之心，不敢不听他的话的。

戴高乐当机立断地采取了他一生中最有决定意义的一手高招。他以含糊的语气及时公布了一项声明：

> 我已于昨天开始采取必要的正常步骤，来建立一个能够确保国家统一和独立的共和政府。
>
> 我相信今后将会继续采取这种步骤，并相信国家将以她的平静和尊严来表示她希望这种步骤得到成功。
>
> 在这种情况下，无论出自哪一方面的危及公共秩序的行动，都会产生严重的后果。即使我理解人们采取这种行动时的处境，我也不能表示赞同。
>
> 我希望驻在阿尔及利亚的陆海空三军做遵守纪律的模范，听从他们的司令官莎朗将军、奥布瓦诺海军上将和弗奥将军的指挥。我向这些领导人表明，我信任他们，并愿与他们立即取得联系。

使人啼笑皆非的是，戴高乐的声明及时制止了将军们的用伞兵部队夺取巴黎的"复活作战计划"，也可以说是制止了一场浩劫，但不知死活的腐朽透顶的政客们，却仍于当天下午在议会以

112票对3票通过了一项决议："在任何情况下都不支持戴高乐当候选人。"而那位尚在职的总理福林姆兰看到声明全文时，"几乎不敢相信自己的眼睛！"火冒三丈地要去揭穿戴高乐要的"阴谋"！幸而科迪总统拦住了他。

科迪总统这时已完全看清了，而且事实也已经证明，现在就只有戴高乐能挽救这场危机了。所以，当精疲力竭的福林姆兰不得不交出辞呈时，他当即命人去见戴高乐，要求他就组织新政府一事与国民议会和共和国议会的两位主席协商。

戴高乐如约在圣云街会见了国民议会主席安德烈·勒德洛可埃和共和国议会主席加兹冬·莫内维尔，要求给他两年包括立宪的全权，这期间议会应当休会。此外，他希望免掉对两院主席的传统性拜访，也省去与各党派领导人的照例协商，甚至不参加在授权仪式上的答辩。

勒德洛可埃一听就火了，接着是一场爆炸性的争论。戴高乐对这些议会政治把戏简直愤怒已极，最后他含着眼泪对勒德洛可埃说："好，如果议会听你的，我能做的，是让你去和伞兵打交道，我则恢复隐居生活，独自忧伤好了。"

待在爱丽舍宫的科迪总统感到如果再拖下去，局势就无法挽回了。因为那些不知死活的议员们已经在讨论用常规办法组建新政府了，其结果必然是伞兵部队从天而降！于是他马上起草了一份国情咨文，并向两院宣读。

在咨文中他再三强调存在的内战的危险，并向"那位法国最杰出的人士，那位在我国历史上最黑暗的年代里，曾领导我们争取自由，而且在把全国团结在他的周围之后，毅然拒绝独裁制而建立了共和国的那位人士"发出了呼吁。

于是，第四共和国的命运成了定局。当天晚19时，戴高乐进入爱丽舍宫，与科迪总统达成了协议，并发布了一项由他起草的公报。

戴高乐按蓬皮杜的建议在拉彼鲁兹饭店宴请了26名议员。他又接受莫内维尔的劝告登上国会讲坛，宣读了总理候选人的例行声明。议会以329票赞成、224票反对、32票弃权的压倒多数，使戴高乐当选为第四共和国第二十四届政府、也是最后一届政府的总理。

顺乎历史潮流的壮举

1958年6月4日，戴高乐正式从国民议会获得权力的第二天，立即飞往阿尔及尔，出现在总督府大楼阳台上。

他举起双臂做成法国光复时期常用的"V"字，向下面无数的白人和穆斯林说："我了解你们！"就是这朗诵诗一样的打动人心的五个字，立即博得了广场上山呼海啸般的掌声。

接下来，戴高乐安抚性地视察了君士坦丁、伯纳、瓦河兰和摩字塔加纳姆等地。所到之处，他都赞扬了军队，也都紧扣住阿尔及利亚各民族居民之间一律平等这一主题发表讲话。

与此同时，他小心地进行非殖民化的第一步尝试：和摩洛哥、杜尼斯两国首脑签订了从两国领土上撤军的协议，仅保留了5个战略军事要塞。6月9日，他委任莎朗将军为总司令和阿尔及利亚的总代表。过了几天，又分别任命阿拉尔将军和马旭将军为阿尔及尔最高军事长官和行政长官。

人心初定，戴高乐按照循序渐进的战略思想，不时地有计划地暗示阿尔及利亚人民将有"选择的余地"。但要真正解决这些问题，唯一能保证戴高乐采取行动的工具就是制订新共和国的宪法。

戴高乐清楚地认识到，第四共和国的宪法包蕴着毁灭自身的因素，所以一出台他就猛烈地反对。他所谋求的，乃是一个强有力的根本大法。

为了尽快实现将军的这一夙愿，司法部长米歇尔·特伯蕾和他的由18名法律专家学者组成的立宪委员会，夜以继日地工作，在贝叶讲话的骨架上增肌添肉。

▲1959年1月8日戴高乐就任法兰西第五共和国总统

同时，戴高乐亲自组织了4名部长充当立宪顾问，并设立了一个39人的立宪咨询委员会协助工作。8月14日，新宪法草案定稿。9月3日，政府通过了宪法草案。这部草案终于在10月5日正式公布。戴高乐在他的政治生涯中，终于赢得了最辉煌的一次胜利。为开创第五共和国奠定了坚实的基础。

1959年1月13日，戴高乐主持了一次内阁会议，宣布了一些范围广泛的宽大措施：大约7000名嫌疑分子可从阿尔及利亚的抓获营中获释，180名被判死刑的人将缓期执行。

同时被关在巴黎桑泰监狱的民族解放阵线领导人本·贝斯的对手、阿尔及利亚民族运动党的年迈领导人麦撒里·哈吉，则被从贝尔岛的拘留所里释放，并随即被送到巴黎郊外的寓所里。

在随后的会议、各省视察和讲演中，将军不断地暗示他的阿尔及利亚政策，把海内外法国人的注意力和思维方式慢慢往"阿尔及利亚是阿尔及利亚人的阿尔及利亚"方向引导。

戴高乐告诉军队：与阿尔及利亚民族解放军作战是"一次毫无结果的斗争"，仅仅赢得战争是不够的，欧洲人直接统治的时代已经一去不复返了，没有阿尔及利亚人的同意，在那里什么也办不成。他严厉地警告军队："你们不是为军队自身谋利益的军队，你们是法国的军队。"

9月16日，戴高乐发表电视讲话，首次公开冒风险提出"在恢复和平后四年内让阿尔及利亚人自决"问题，并把这种"自

决"解释为三种选择：分离、一体化、内部自治。他明白无误地说：在阿尔及利亚人能够决定他们的命运之前，撤回在阿尔及利亚的法国军队，这点必须包括在条件以内。

在11月10日的记者招待会上，戴高乐又重申他关于自决权的建议，并提出确保愿到法国会谈的民族解放阵线任何代表的安全。他的政策，使5个在阿尔及利亚的欧洲人极端分子组织惊惶不安。他们举行示威游行，反对总统的政策。

民族解放阵线也趁机制造事端，制造残杀欧洲人的恐怖活动，使局势更加混乱。驻军伞兵司令马旭将军轻率地对新闻界说"我们再也无法理解戴高乐的政策了"，并说军队永远不离开阿尔及利亚。1960年1月22日，他被召回巴黎并解除了一切军政职务。

戴高乐在一次对全国的讲话中，第一次使用了"阿尔及利亚共和国"一词，是颇有特色地用在否定它本身存在的上下文当中的。他说：他不能接受叛乱领导人提出的"阿尔及利亚共和国政府"的要求，这样的"共和国将来有一天会存在，但至今还从来没有存在过"。

这种暗示性的讲话，使卷入阿尔及利亚事件中的各种力量进一步两极分化。

接着，按照既定战略，戴高乐决定就是否赋予阿尔及利亚自决权一事进行阿尔及利亚和法国本土的全民表决。为最后的结局铺平道路。

1961年1月8日举行的全民表决，清楚地表明了历史的趋势：本土和阿尔及利亚绝大多数选民赞成戴高乐的政策。

1962年7月1日，阿尔及利亚举行全民表决，仍然有绝大多数选民赞成阿尔及利亚独立。

这表明，戴高乐这位巨人，终于以他特有的眼光和毅力，圆满地完成了阿尔及利亚的非殖民化进程，完成了他顺乎历史潮流的这一伟大壮举。

阿尔及利亚的独立，把法军驻在那里的军队内部的反对势力逼入了绝境，他们只能孤注一掷了。1961年4月22日，驻阿尔及尔的军官们发动了一场武装政变行动。

叛军军官们逮捕了一些行政官员，占领了主要公共建筑物，并且发表了文告，声称："凡直接参与策划放弃阿尔及利亚和撒哈拉的任何个人，将被逮捕，并提交为审判危害国家安全罪而即将设立的军事法庭。"

这是对戴高乐权威一次最大胆的挑战。他不无伤心地注意到，在策划和领导这场叛乱5名上校和4名将军中，领头的竟是莫里斯·夏尔。戴高乐决定运用他的个人权威来面对这次挑战。

为了使那些背叛的中级军官们有机会悔改，他派遣新任内务部长和国防部总参谋长冒着生命危险，于反叛文告发表几小时内到达阿尔及尔。

　　同时，他行使宪法赋予的特殊权力，切断了通往阿尔及利亚的一切海上和空中的交通，并宣布处于紧急状态。

　　接着，在4月23日晚20时，戴高乐身穿两颗星的将军服出现在屏幕上，态度强硬地指责了这次叛乱。他宣布：

　　　　我以法兰西的名义，命令使用一切手段切断他们的去路，直至他们投降。我要求所有的法国人，尤其是所有的士兵不得执行他们的任何命令。所有以军事行动或行政管理为由要求必须在当地听从他们指挥的论调都是欺骗人的。不论是军事上，还是民事上，真正有指挥权的是那些被正式任命授权的军官。而叛军恰恰在阻止这些军官完成他们的使命。任何篡权者都不会有好结局的，他们将受到法律无情的制裁。祖国被笼罩在不幸之中，共和国正面临着巨大的威胁。

　　　　因此，经过宪法委员会主席、政府总理、参议院议长和众议院议长的一致同意，我决定援引宪法第十六条。从今天起，我将直接采取应付国家紧急局势所必需的一切措施。为了现在，为了将来，我谨以国家授予我的法兰西共和国合法总统的名义声明：不论发生什么事情，我将继续履行我的职责，直到我的任期届满，或者直到我丧失工作能力，或者生命终结。而且，我要采取一切措施确保在我身后，这一合法政权能继续存在下去。

法兰西的同胞们！法兰西本来正一步一步走向强盛，现在看一看它正面临何种险境。

法兰西的同胞们！请支持我！

4月底，在阿尔及尔的内务部长和总参谋长宣布，有200名军官被捕，140名文官被停职，所有报纸被勒令停刊。5月底，军事法庭开庭，夏尔和泽勒被判15年徒刑，并被剥夺军衔和勋章，莎朗、弗奥和5名上校被缺席判处死刑。

国际战略家的外交攻势

"二战"使德意志一败涂地，美国实力空前增强，西欧各国则严重削弱，而战后民族解放运动的兴起，又使这些国家的实力进一步削弱。

早在1947年6月5日，美国就出台"马歇尔计划"，向西方各国提供了134亿美元，其中绝大部分是无偿援助，这就从经济上控制了西欧各国，也就决定了西欧各国在政治上是美国的小伙伴关系。

西欧各国谁也不会甘心于这种小伙伴地位，而要改变这种地位，就必须有经济实力作基础。如果说在经济领域的这种联合抗争是有意识的话，那么，在政治、军事领域，绝大多数人却还不敢有什么设想。有设想的，恐怕就是戴高乐了。

戴高乐在《战争回忆录》里首次提出了组建"第三势力"的"宏大计划"：

我们要确保法国在西欧的安全，办法是防止一个新的德意志帝国对法国再度造成威胁。我们要与西方和东方取得合作，必要时将与这一方或那一方结成必要的联盟，而不接受对别国的任何形式的依赖。

　　我们要防止仍在增长的、瓦解法兰西联邦的危险，使之逐步变为松散的联合。我们要从政治上、经济上以及战略上的观点出发，促使邻接莱茵河、阿尔卑斯山脉和比利牛斯山脉的国家组织起来。

　　我们要使这个组织成为世界三大势力之一，一旦需

▲戴高乐在群众中

要的话，就使其成为苏联和盎格鲁·撒克森这两大阵营
之间的仲裁人。

在这里，戴高乐的雄心是在政治、经济、军事上组织西欧国
家的联盟，使之能够成为英美与苏联两大对立阵营之间的裁判。
但是，国内的人跟不上他的思路，主要的盟国也没有理会他。这
种于法国大大不利的形势，逼迫戴高乐不得不再次以虚弱的自身
地位向美国的霸权提出挑战。

戴高乐的战略计划是：把美国排除出欧洲事务之外；把法国
建成一个核大国；使西德脱离对美国的依赖；拒英国于"欧洲"

▲戴高乐在办公室

之外；以法国代替美国，作为与俄国的"对话者"，来解决世界问题。

为了实现这个计划，在重新执政之初，他就一边应付阿尔及利亚危机，一边以国际战略家的雄心发动了外交攻势。1958年9月17日，他向美国总统艾森豪威尔和英国首相迈克米龙发出了一份在历史上著名的备忘录。

首先在最能显示美国政治上、军事上控制西欧的北大西洋公约组织的领导权上发难。他要求成立三大国组成的"大西洋理事会"，由美、英、法三大国分享美国独掌的领导权。

戴高乐预料到这个要求是行不通的，美国人不会答应，英国人也不敢支持。那么，他就可以名正言顺地恢复他所设想的法国的独立性。退出北大西洋公约组织，宣布中立，逐步建立法国在西欧的领导地位。

1958年10月初，戴高乐得到答复说：他建议提出的问题十分重要，因此不能立即回答。这以后，又经过多少次外交往还，直到12月15日，美国国务卿杜勒斯才亲口说出英美的真正意见：尽管三国在个别问题上举行磋商也许有些用处，但要建立一个正式的三国组织则没有可能。

这就使戴高乐可以向盟国证明法国恢复行动自由是有道理的了。于是，在1959年初，他就迈出了标志法国不受北约限制的一系列引人注目的行动的第一步。

3月6日，法国政府宣布决定撤出受北约控制的法国地中海舰队，理由是：如果发生战争，法国武装力量首先考虑的是保卫法国的海岸和北非。

为了让法国海军归队，美国国务卿杜勒斯跑到巴黎，答应让法国有权否决美国在欧洲大陆部署核武器。但戴高乐不予答复。

关于核武器问题，戴高乐早在1958年6月29日就向迈克米龙提出，法国需要一个由西方主要国家分享控制权的西方原子武器常设小组。法国将参与使用核武器的任何决定。无论如何，法国下决心要拥有核武器，即使是别人制造的。

后来，杜勒斯答应卖原子弹给法国，条件是法国必须参加欧洲安全体系，也就是说什么时候使用原子弹得听美国的。戴高乐答复说："如果你同意卖原子弹给我们，我们是愿意买的，但必须完全是我们自己的东西，不受别人的限制。"当时杜勒斯听了未置可否就离开了。现在杜勒斯再来提这事，戴高乐当然也就不置可否了。

与"山姆大叔"周旋

戴高乐在爱丽舍宫生活了4年，周围是那些不愿讲真话的部长和官员们。毫不奇怪，他无法理解刚刚爆发的矿工罢工，无法理解潜在的社会不满的实质。他认为这只不过是同胞们再次变得烦躁、厌倦，因此他全然不顾这一切，继续他的国际外交活动。

1964年，法国政府正式承认共产党中国。《世界报》报道："这真是一举两得。华盛顿无法掩饰其愤怒，法国左派无法掩盖自己的尴尬。"看来将军依旧我行我素。他于3月对墨西哥进行国事访问。在此期间他一再呼吁进一步密切法国与墨西哥之间的关系，这分明是蓄意触怒美国人。

4月16日，他在法国发表广播与电视讲话，讲话名义上总结总统任职以来4年半的工作，实质上强调法国在拉丁美洲、非洲及亚洲所发挥的国际作用与抨击"两个霸权主义国家。"6月6日，他拒绝出席在诺曼底与登陆20周年庆典。

当然，所有这些举动的理由一目了然，那便是他从不隐瞒、持久不变、始终如一的雄心：光大他心目中的法国的伟大。然而，既然理由如此明确，那么他就不必采取如此生硬、唐突的手段。

出奇制胜，夺取头条新闻，这当然是战役的一部分。但是即使这样，将军在此期间所发动的一连串攻击也似乎表明他对美国所持有的一贯敌意，如今又因为他对约翰逊总统的个人偏见而变本加厉。

的确，在访问墨西哥期间，前列腺增生给他造成了巨大的痛苦，大批医务人员不得不随团照顾他。但是到6月份，他的身体恢复了健康。他拒绝参加诺曼底庆典不由得使一些人对1945年6月欧洲胜利日游行时他对斯皮尔斯夫人的救护小分队采取的报复态度，记忆犹新。这回似乎轮到美国了。

从墨西哥回来，医生们告诉他必须动手术去掉前列腺，手术再也不能拖延。1964年4月16日，他

▲戴高乐会见中国驻法大使黄镇

刚刚结束讲话便被送往科琴医院，准备接受次日清晨8点将要进行的手术。那时，他已经起草了两份文件。一份装在一个密封的信封里交给了爱丽舍宫的秘书长罗乔埃，上面写着："在我死后打开。若是如我所料，一切进展顺利，请于后天将它还给我。"另一份是准备在手术成功后发表的声明。

除他的家人及最亲近的马尔罗·帕莱夫斯基及蓬皮杜总理外，手术的消息对所有人都保密。就连一旦手术失败，将接替戴高乐国家元首职位的参议院主席加斯东·莫内维尔都不知此事。其它人都是在将军手术成功后才知此事的。

戴高乐在手术后发表的声明与1962年8月他在帕蒂·克拉马受到袭击时发表的声明具有同样戏剧性的效果。突然之间将军差点去世，这想法至今仍显得荒唐。在这种场合，当然难免要提到继任的问题。在短短24小时内，蓬皮杜尝到了拥有至高无上的权力的滋味。在宪法准许、形势所迫的情况下，他被明确授权主持部长会议，在必要的情况下，可下令使用法国核打击力量。

手术宣布成功之后，戴高乐的身体在逐渐恢复。蓬皮杜仍在其后几天内保持着相应的荣誉。蓬皮杜很好地利用了这次机会。在4月24日的议会辩论中，他阐述了对总理这一职务的认识："如果我与总统意见不一致，那么我将不会继续担任总理职务，但是我认为不在公众面前表露与总统之间可能存在的分歧，是一名总理最基本的义务。"

这是一次大胆的行动。在此之前，所有的人都认为总理的作用仅在于执行将军的指示。而如今看来，王储也有自己的思想，他已经成长起来。

这件事对戴高乐本人的影响十分微妙。尽管医生保证手术没有任何危险，但他自己已预感到死神的逼近。这从他给蓬皮杜的信中即可看出。同样，"过去年代的失败"也一下子跃入眼帘。然而，蓬皮杜在他暂时离任期间的表现却激怒了他，使他决心采取强硬的措施予以报复。

结果，将军在4月27日出院时，虽然名义上几乎承认蓬皮杜为他的继承人，但其实是徒有其表。他让蓬皮杜多走动，在法国国内和国外巡访，让更多的人认识他。同时，他的态度也很明确，那就是一切都未确定；总理由国家元首任命，每个人都必须记住这一点。

蓬皮杜被搞得晕头转向不晓得自己身在何处，不知将军葫芦里卖的是什么药，而这正是将军想要见到的局面。

戴高乐现在似乎有一种紧迫感。他眼看75岁了，经历了一次大手术，并且活了下来，但视力却越来越差了。他为使法国的地位得到国际承认而发起的运动已结出了丰硕的成果。至1964年5月底，他的身体已基本康复，并视察梅斯和特里尔，6月中旬，又视察了法国北部，7月2日赴波恩进行正式访问；9月20日，出访拉美10国。

将军于秋季对拉美国家的访问，像春季墨西哥之行一样，似乎又是一次对美国的蓄意挑衅。在肯尼迪的葬礼上，戴高乐与美国新任总统在外交方面就曾闹过僵局。戴高乐拒绝拜访约翰逊总统，人们并不清楚他是否接到正式邀请。爱丽舍宫与华盛顿方面都没有忘记此事，而戴高乐的拉美之行显然是在揭一块让人很不愉快的疮疤。《纽约时报》这样写道："戴高乐主义对第三世界实行的政策惹恼了盟国，法国自己也感到迷惑不解，戴高乐总统在半年内第二次访问拉美，却拒绝访问华盛顿，这会使法美关系继续恶化。"

拉丁美洲对北部强大邻帮美国一直怀有强烈的不满情绪，戴高乐深知这是拉美政治中一个经久不变的因素，于是他竭力强调法国的国际地位以及法国同讲西班牙语的美洲国家有史以来在文化上的联系，并毫不掩饰自己对美国的敌对态度。

通过这些活动，将军知道他在拉美各国一定会受到疯狂热烈的欢迎。事实也的确如此。正当拉美各国气氛热烈、群情高涨时，华盛顿却忧心忡忡，怒气冲冲。

尽管将军用西班牙语发表的演讲措辞令人不舒服，实际上法国在帮助拉美国家的问题上很难有所作为，即使它想要有所作为也办不到。接待戴高乐的各东道国对此也心知肚明。然而这仍旧能够激起美国人的愤怒。一个多世纪以来，美国一直把南美与中美洲视为自己的"后院"，当然不希望任何不受欢迎的人在那里

煽风点火。

戴高乐返回法国时，巴黎报界笔调低沉地写道："戴高乐刚刚在受到保护的私人狩猎场偷猎。"将军本人对此却不以为然，他似乎视来自美国的批评为兴奋剂。他对马尔罗说："你知道，我只有一个国际对手，那就是丁丁。我们都是不愿被高大的人骑在头上的矮人。只是因为我的身高，人们才没有发现我们的相似之处。"

1964年11月22日，戴高乐在科隆贝与家人一起度过了他的74岁生日。这次生日同从前一样没有引起公众的注意，只是由儿孙们举办了一个家庭庆祝会。然而，就在当天，将军来到了斯特拉斯堡，并在庆祝这座城市解放20周年的典礼上发表了讲话。与公务相比，家庭生活永远只能排在第二位。他的时间不多了。

又一场国内政治风暴开始向他袭来。1965年12月法国将举行第一次以公民普选方式选举总统。将军必须决定是否参加这场战斗。毫无疑问，将会发生一场战争。自矿工罢工以来，反对党便情绪高涨地组织起队伍。当年7月底的民意测验表明戴高乐的支持率为50%，社会党和中间派候选人为29%，共产党候选人为11%。对戴高乐来说，虽没有压倒多数的支持率，但获胜的希望仍很大。

然而，显而易见的是，戴高乐将军的理想，置身于拳脚相见的激烈的总统竞选活动之外，再也不可能实现了。

做出是否参选的决定绝非易事。伊冯娜十分赞成他退休回到科隆贝。据说她向将军的顾问公开表示过她的观点，尽管这种事情少见得很。另外，将军的视力非常糟糕。有人认为他害怕成为另一个老态龙钟的贝当。然而不管怎样，必须做出决定。

6月29日，戴高乐把他的嫡系召集到爱丽舍宫。他们是：马尔罗、帕莱夫斯基、德勃雷及蓬皮杜。四人轮流发表了各自的意见。蓬皮杜言辞审慎，戴高乐后来回忆说他主张退休。马尔罗赞成伊冯娜的观点，继续连任7年将会损坏将军已树立起来的美好形象，不如急流勇退。帕莱夫斯基不赞成退休，他对将军的健康状况及过人的才智大加吹捧。德勃雷的热情最高。他指出，将军不该受到竞选日程的限制，而应继续引导法国，直到他自己认为该退休的时候为止。

将军意识到，他们每个人的主张都映射出个人的利益。会议结束时，他只说将记住大家所说的话，并在适当的时候让他们知道他的决定。

妻子的意见实在太重要，将军也就迟迟未做决定。然而，事有凑巧，在爱丽舍宫会议召开的同时，顾夫·德莫维尔正在参加布鲁塞尔会议。他中断了就农业问题与共同体其他成员国的谈判。显然，一场危机又将在欧洲爆发。没有比危机这样的事情更能使将军的生活充满活力了。于是将军下定决心，准备投入战斗。

戴高乐的滑铁卢之年

1968年是戴高乐将军的滑铁卢之年。它虽不像1815年拿破仑那样败在外国人手里，但的确是一次失败。法国青年胸中怒火的喷发，导致5月的一连串事件，从根本上破坏了戴高乐将军在国内的地位，而8月初苏联对捷克斯洛伐克毫无人性的入侵，彻底粉碎了他的法国在两个大国集团的争斗中，通过保持中立实现其独立的梦想。

然而与拿破仑不同的是，尽管政治上受到严重挫折，将军仍是自由的，可以为明天而奋斗。在1966年及1967年，对于将军来说生存已经越来越成为一种负担，只有出国访问还能给他带来一点刺激。

他在爱丽舍宫每天的工作时间也减为最多不超过6小时。此外，将军的视力严重下降。一次录制电视讲话时，将军看错了摄像机，节目不得不重作。他的眼镜片越来越厚，眼镜戴起来很困难，这些都增大了他外出旅行的风险。

有一次，将军在蒙特利尔市政厅的阳台上做完关于自由魁北克的演讲后，因要面对外面的群众，他摘下眼镜，结果在下楼梯时一脚踩空，差一点摔倒在地。

从1966年中期开始，他也厌倦了"深入群众，"很少再到法国各省视察。其原因是他如果不戴眼镜，几乎什么也看不见。而他对形象又总是十分敏感，不愿在大鼻子上戴一副仿角质镜架的眼镜走到人群中去，那样子看上去非常可笑，将军根本不会这么做。

▲戴高乐和夫人在爱丽舍宫前

无论是1968年初的东方地平线上，还是在巴黎早春阳光灿烂的日子里，还看不到将军失败的一丝征兆。当然由于失业率上升，工资增长慢于通货膨胀，经济上出现一些躁动不安。

高等教育也存在着问题。由于10年内在校学生人数成倍地增长，大专院校根本没有能力应付，女学生问题及官方的学生宿舍隔离政策都有待解决。如果说国外学生抗议"有一种新的精神"，那么它不过是青年们习惯地发发牢骚而已。

这一代人对第二次世界大战很陌生，但却受到越战所引发的愤世嫉俗思潮的冲击。《世界报》3月15日评论道："法国已经厌倦了。"但是如果一切仅是这样，那么也就没有什么让人感到不安的了。因此，1966年与1967年的疯狂旅行之后，将军的生活节奏开始变得相对轻松起来，一周5天在爱丽舍宫工作，周末回到科隆贝。可这一切都没有长久，事实上，这种生活由于"五月地震"而很快化为乌有。

早在2月份，初期的震感已经出现。事情首先发生在南特尔大学。它位于巴黎西郊一个最荒凉的地方。这所学校建于50年代，预制混凝土板盖成的几栋高层建筑，毫无特色。里面是枯燥的学生宿舍和教室。这里的环境过去和现在都是一个足以使年轻、有理想的青年感到失望的地方。

1968年，它成了戴高乐主义文化所憎恶的形形色色法国青年的乐园。摇滚乐、汉堡包及由口服避孕药带来的性革命，遍布校园的每一个角落。

2月中旬，青年与体育部长弗朗索瓦兹·米索夫来到南特尔为一个室内游泳池竣工发表讲话。他的讲话被一名叫丹尼尔·科恩·班迪特的红头发德国学生粗暴地打断。他要求结束男女学生们宿舍隔离，他的朋友狂呼乱叫着。

米索尔避开这一问题，继续谈新建的游泳池以免引发一场争论。然而科恩·班迪特和他的朋友们并没有轻易罢手。3月22日，他们不仅闯入女生宿舍，当然他们也得到了女学生的鼓励，而且还烧了一面美国国旗。

这一切太过分了。学校当局叫来了警察，迅速逮捕了部分学生，认为如此一来便可以平息整个事件。然而学生们并没有罢休，反而以更强烈的方式表示抗议，他们在科恩·班迪特的带领下占领了整个学校并静坐示威。接下来双方进行了漫长而激烈的谈判，最后学生们同意恢复正常的生活，条件是要让最高机构知道他们的不满。

1968年4月3日将军在部长会议上充分听取了此事的报告。他说学生同居是绝对不准许的。即使将军本人有接受此建议的倾向，戴高乐夫人也不会同意。但是将军决定对大学入学程序进行改革，取消了只要通过中学毕业会考任何人都可以自动升入大学的权利，制订了择优录取的入学办法。

显然这一举措对将军产生了不好的影响。南特尔的学生现在

对两点不满：第一，没有人重视他们的要求；第二，政府实施的新措施表明对他们的不友好态度。

整个4月份，南特尔充满了无政府主义气氛。到5月1日，形势已发展得非常严峻，将军不得不命令内政部长克里斯蒂昂·富歇采取措施，彻底结束整个南特尔事件。次日，学校被关闭。殊不知这又是一个战术错误。学生们又一次在科恩·班迪特的领导下撤出南特尔步行12公里来到巴黎，占领了巴黎大学。

5月3日早晨，学生们已在学校的主要庭院里安营扎寨，并开始掘起铺路石、设置路障保护自己。然而在这种情况下，富歇犯下第三个战术错误。富歇命令警察进入巴黎大学，肃清肇事者。

自法国大革命以来，这是政府首次闯入巴黎大学的领地。不仅这样，他们还火上浇油，逮捕了四名学生将其关进桑地监狱。从巴黎大学被逐出的学生如今争取到更多公众的同情，占领了欧迪昂及拉丁区的大部分。他们高喊着一贯的革命口号"释放我们的同志！"然而，他们的同志不仅没有被释放，反而被判监禁两个月。

这时圣米歇尔大街和附近的街道变成了战场。5月6日晚，学生们从街上拉来铁栅，从附近商店抢来门匆匆设置路障。车辆被推翻起了火。更多的防暴警察被抽调过来，据说很多是从科西嘉调来，以防巴黎人对学生们过于同情下不了手。催泪弹的烟雾笼罩着学生与警察。街上一片混乱，午夜时分，有400余名学生受伤，200名警察被送进医院。

警察的暴力行为震惊了巴黎市民，他们公开站在学生一边。次日，两万名学生和他们的同情者聚集在凯旋门，挥舞着红色旗帜，唱着歌，然后回到拉丁区。社会秩序陷入崩溃状态。政府似乎自戴高乐将军始全面瘫痪。蓬皮杜正在伊朗和阿富汗进行国事访问，国内事务交给副总理若克斯全权处理。

戴高乐将军一面不停地抱怨局势"捉摸不定"，一面在5月8日下午面对一群议员时声称"绝对不能容忍街道上的暴力。"虽然如此，政府里却没有人能够想出平息局势的办法。

最糟糕的事情发生在5月10—11日。整个晚上，学生与逐渐增多的支持者和防暴警察之间展开了凶猛激烈的街巷战。将军在11点之前便休息了，谁也不敢打扰他。然而就在他沉浸于梦乡之时，战斗正激烈地进行。直到夜里两点，若克斯才终于下令防暴警察捣毁路障。到凌晨5点30分，经过一场激烈的战斗，科恩·班迪特才下令解散他的人马。

早晨6点，若克斯叫醒戴高乐，向他报告巴黎街道秩序已恢复。然而代价是惨重的：370人受伤，近500人被捕，100多辆车辆被烧毁。警察与巴黎人民的关系受到严重、也许是永远的破坏。

若克斯建议重新开放南特尔并释放4名被关押的学生；但将军却一条也不同意，而惟一要做的事情就是等待当天下午蓬皮杜

的归来。

学生们的反抗已开始呈现出一个全新的局面。记者们详实地报道了前一天夜里警察的残忍手段，并播放了整晚过程中记者从现场发出的报道。全国舆论大哗，矛头直指政府，若克斯将此事报告了戴高乐将军。

工会组织、特别是共产党领导的法国总工会再也不能无动于衷了，联盟的成员也不可能允许他们安坐不动。另外，如果乘混乱对政府展开攻势并使其保证大幅度提高工资，那么现在正是好时机。因此在5月13日，星期一，法国总工会组织了一天的大罢工。现在已不仅是治安部队与一些捣乱学生之间的冲突，它已经演变成政府与整个工人运动之间的冲突。

蓬皮杜试图在周末之前消除危机。他不顾戴高乐初期的反对意见，劝服他的部长与将军同意重新开放巴黎大学。然而和平仅仅维持了一天一夜。共产党领导的示威游行与工人大罢工同时进行，并引起又一轮冲突。像所有发生在巴黎的成功的革命游行一样，这次示威游行以共和广场为起点。

当游行队伍到达协和广场时，25万游行者高呼口号，要求戴高乐辞职，10年还是第一次有人公开要求将军下台，口号中还有"10年——受够了！""戴高乐该进博物馆了！"学生们将从左岸地区过河加入到游行队伍中与游行者一起冲击爱丽舍宫。

这曾一度是最大的威胁。将军的海军副官弗罗希克已做好转移的准备。但将军说："不要紧，共产党自会管住他们。"

的确，共产党，或作为一个党派或作为一个工会组织都不希望事态发展成军事政变。将军将全部权力交给蓬皮杜，自己则前往罗马尼亚进行计划已久的官方访问。

将军在这样一个极特殊的时刻出访，实在离奇。在布加勒斯特戴高乐将军一行受到齐奥塞斯库总统的欢迎。戴高乐将军向他表达了法国最诚挚的友谊。他最初将访问和演讲的日程安排得很满。戴高乐夫人知道他很疲劳，恳求他不要参加太多的活动，但是将军想把他所有的时间都利用起来。

5月17日他从200公里以外的克来瓦回到布加勒斯特时，一路始终笔挺地站在车上，他的车缓缓开过，以便让路边欢迎的群众真切地看到他。整个行程用了4个小时，其间在斯塔利那、皮兹提、提尔戈维斯特、普鲁兹提稍作停留，戴高乐将军在近30℃的高温下在这些地方发表即席演讲。

到达布加勒斯特时，将军向精疲力尽的工作人员表示感谢，然后同夫人一道共进晚餐。在他看来，这一天的工作似乎很轻松。

然而，从法国传来的消息越来越糟。工会组织对他们鼓动起来的罢工失去了控制，学生们仍然在滋衅闹事。将军只得提前一天结束访问。当他于5月18日回到巴黎时，1000万工人在罢工，整个国家陷入瘫痪。

戴高乐火冒三丈，用粗秽的语言对在奥利机场列成一排前来迎接他的局促不安的部长们训斥了一个小时。然后，他与蓬皮杜同乘一辆车，口中仍骂个不停。蓬皮杜提出辞职，被将军断然拒绝。"一个人决不应该在双方激战之际放弃他的岗位。首先，必须赢得这场战争。此后的事，我们拭目以待吧。"

次日清晨又是相同的情形。将军再次召见蓬皮杜与那些被将军称为"负责维持秩序"的人，如富歇、迈斯梅、高尔斯和巴黎警察局长格里莫。

戴高乐将军说："在这5天内，10年来与愚蠢行为的斗争将毁于一旦。"他要求哪怕使用武力，也要迫使示威人员在第二天全部撤出欧迪昂。他还要求电视广播等新闻机构投入正常工作，警察则要采取更强硬的手段。

最后，他把自己的观点简单地总结为"改革，可以；混乱则决不可以。"并要高尔斯将此向全国公布。然后，他便将自己关在爱丽舍宫，为5月24日的演讲撰写讲稿。

毫无疑问，将军在经历了罗马尼亚热烈的欢迎场面后，为回到法国后看到的一切所震惊。在接下来的3天里，他看上去苍老了许多，而且背更驼了，样子优柔寡断。好像他有点难堪此负。这一切对将军的打击太沉重了。

5月24日的广播讲话一败涂地。将军的神态及声音都给人以惊慌无措的感觉。事实上，他宣布了就"参与"问题举行全民公决事宜。而这一问题的具体条件却并没有阐述清楚。听到这一讲话的人都怀疑这是将军要的一个花招。

他说维持公众秩序是政府的责任，但是他的声音却不像往日那样洪亮；他的语言虽然仍旧保持庄重的风格，但却不知为何听起来不再可信。他的样子看上去是一个疲惫不堪、历经创痛的老人。将军自己也十分清楚他的讲话效果很差。当晚，他说："我脱靶了。"蓬皮杜只是说："还不算太糟。"

但是事实上，情况糟得无以复加。似乎受到戴高乐广播讲话失利的鼓舞，学生们当晚冲出拉丁区，跨过塞纳河，直奔城里商业区的法兰西银行。他们边走边唱，高喊着口号："我们就是要敢于想象"及"我们就是要混乱。"继而，他们企图放火烧毁证券交易所，但未能成功。他们横冲直撞地穿过右岸地区，似乎要再次掀起大革命。

所有这一切都使人们感受到1871年的巴黎公社在重演。这座城市正在自我毁灭。合法的权力机构似乎已无能为力。将军被困在爱丽舍宫，只有最亲近的工作人员及军事副官在他的身边。警察在每条重要街道都设置了路障，每个街口都有装甲车，车上是身穿防暴服的警察。除他们之外，无人敢出门。

夜幕降临时，这场危机才渐渐平息。学生精疲力竭地退回对岸。警察们更加小心翼翼。令人欣慰的是，工会组织似乎已准备好就回到工作岗位进行谈判。工人们再也无法忍受年轻人不负责

任的胡作非为。现在该由成年人控制局面了。

然而，25日早晨，戴高乐的情绪却变得更坏。用一位部长的话来说，他是"精疲力尽，腰弯背驼，老态龙钟。"他不停地说"一团糟"。另一位部长说他看到的是一位"对未来没有'感觉'的老人。"

将军让人叫来他的儿子菲利浦，菲利浦发现父亲"疲惫不堪"的样子，并注意到他严重缺少睡眠。他建议父亲前往大西洋港口布雷斯特住一段时间，1940年戴高乐曾在那里暂住过。但得到的回答却是他不会放弃巴黎。

从5月25日至28日，将军一直心情忧郁。蓬皮杜与工会的谈判成了一出闹剧。他不折不扣地全盘接受了对方的条件：大幅度提高工资与社会福利，提高比例为最低工资的35%。惟一的障碍便是双方在协议上签过字后，法国总工会仍然坚持要经他们的会员通过才能生效。总工会领导人塞居伊迅即赶到巴黎市郊的比朗谷，那里正有1.2万名雷诺工厂的工人在罢工。当他们看到协议后，断然拒绝，将塞居伊弄得十分尴尬。"格来纳尔协议"就这样流产了。

5月27日下午3点，也就在雷诺工人拒绝"格来纳尔协议"之后不久，召开了部长会议。将军虽然主持会议，但他心神不定。他盯着部长们却视而不见，他将双臂平放在面前的桌子上，耸着双肩，好像周围发生的一切都与他"毫不相干"。会议就公决一事进行了讨论，而将军显然只听了一部分。

学生们洋洋得意，以为学生与工人的自然联盟很快就可以掌权。他们的组织于5月27日晚在夏尔戴体育馆举行大会庆祝胜利。由于闻到了血腥味，密特朗于5月28日召开记者招待会，宣布如果戴高乐下台，他将接任总统，并要求蓬皮杜辞职，由他组建过渡政府。共产党号召在次日发起一次大规模示威游行。有消息说，他们要发动军事政变。

该是显示武力的时候了。但是将军本人却心力不济，不能振作起来。军队严阵以待，拥有轻型坦克的一个旅的"武装警察"已在巴黎南部待命。第二装甲旅在朗布耶时刻保持戒备壮志，随时准备出击。蒙特雷及迈松—拉非特有摩托化部队，随时可以开进巴黎，卡斯特尔及卡尔卡松有伞兵部队可以随时飞进巴黎。然而爱丽舍宫一直没有任何发布命令的迹象。

当然，依据宪法，明显有权调动武装部队维持公共秩序的是总理。但实际上，没有将军的批准，蓬皮杜是不能下命令的。鉴于迹象表明第二天共产党将发动叛乱，他于28日晚餐后会见戴高乐征求意见。他告诉将军，示威游行很可能是和平的。

共产党通过他们的一个议员捎来口信说他们不准备驱逐戴高乐将军，而是要支持他，条件是他要吸收共产党人进入他的政府担任部长，就如同战后初期那样。另一方面，游行队伍将要经过离爱丽舍宫800码以内的地方，所以最好做好最坏的打算。

戴高乐认为蓬皮杜低估了潜在的危险。将军郁郁不乐地回答道："你太乐观了。而且从一开始你就太乐观了。"蓬皮杜没有得到任何明确的指示便退了出来。将军接着会见富歇。富歇还没有进屋特里科特就对他说："他情绪不好。"的确，将军情绪仍然消沉，但比刚才好了些。富歇后来向蓬皮杜报告说："他好像有心事。"

他们两位所不知道的是那天下午伊冯娜去麦德林广场采购时发生了意外。一位摩托车手认出了她，拦住了她的去路。接着一群店员向她喊叫，说她曾"诽谤"他们。伊冯娜还是第一次碰到这种事。

当晚用餐时，她晕倒了，晚饭只好取消。她不仅痛苦地抱怨这次事件及她所憎恶的爱丽舍宫，而且还对她的儿孙们所面临的处境忧心忡忡、愤愤不平。他们每次进出他们的家时都不得不穿过充满敌意的纠察线。这一切都太过分了，她实在不能再忍受下去。

戴高乐将军明白应把她从巴黎送走。他自己也需要休息。他的一位副官说："他疲倦而沮丧，并不断地谈到辞职。"蓬皮杜晚饭后去见他时，他正在做出新的决定，但这次是家庭内部的决定，不对政治伙伴们泄露，无论关系有多亲密，尤其要对蓬皮杜保密。

他告诉儿子他已指示他最信任的军事副官拉朗德将军负责安

排菲利浦及其全家飞往巴登—巴登玛素将军总部，玛素将军目前是驻西德的法军总司令。他召回远在牟罗兹指挥第七师的女婿布瓦西尼，戴高乐夫人则打电话给她的哥哥雅克·旺德鲁，让他明天来巴黎把她的女仆送回加莱附近的家。与此同时，她的女仆不得不打好许多包裹——比以往要多得多。

这一夜，将军又无法入眠。第二天一大早他就叫来了他的主要私人秘书德拉谢瓦来利，告诉他：他很疲惫，准备回科隆贝休息。他派拉朗德亲自去拜访梅斯的博瓦莱将军、南锡的于不劳将军及巴登—巴登的玛素将军，听听他们的意见并估计一下他们所辖部队的情况。

拉朗德还需告诉玛素将军他受委托负责保证菲利浦及其全家的安全。一小时后，将军指示特里科特将周三例行的部长会议推迟一天。蓬皮杜获悉这一消息后，千方百计地试图与将军通话，但都被将军以各种借口搪塞过去。就在近11点时，他终于给将军打通了电话。

将军向他的总理保证在第二天下午会议之前赶回来。但是他补充说道："我老了，你还年轻。你代表着未来。你是惟一能守住堡垒的人。但是我告诉你，我会回来。"他稍作停顿后接着说："拥抱你！"这太出人意料了。蓬皮杜马上也这么说道。时局扑朔迷离，没有人知道此后会发生什么事情。

事实上，此后发生的事便是将军干脆消失了。戴高乐一家在

弗罗希克副官、一名保镖、一名医生的陪同下，带着大量行李，中午从巴黎郊外的一个机场乘两架直升机飞走了。那天上午的早些时候，布瓦西厄按照戴高乐的指示，已乘直飞机飞到了布瓦塞里。他将从那里打电话给巴登—巴登的玛素，通知他当天在斯特拉斯堡迎接将军。然后他将飞短途到圣迪济耶，在那里与将军一家人会合并汇报情况。

　　布瓦西厄到达布瓦赛里后，试图用那里的一条安全电话线路，与坶素取得联系。可接线员却告诉他她在罢工，不能接通任何电话。布瓦西厄气愤地解释说他代表总统打电话，接线员同意向主管请示。然而主管接过电话，毫不留情地拒绝了布瓦西厄的请求。

　　在无法与玛素取得联系的情况下，布瓦西厄打算起飞到圣迪济耶机场迎接将军一行。然而，他的直升机的旋翼叶片这时又出了问题，真是船破偏遇顶头风，他耽误了时间。结果，将军一行到达圣迪济耶后没有看到布瓦西厄，也没有任何与玛素见面的消息。

　　计划完全被搅乱。将军与布瓦西厄失去了联络，谁也不知对方在哪里，情况一片混乱。将军命令两架直升机重新起飞，试图在空中与玛素取得联系。然而因无线电频率不符，飞行员无法与巴登—巴登的玛素将军总部取得联系，而且他们即将接近德国边境，没有明确的目标，只有麦哲学公路地图。

将军把最后的决定写在信封背面交给弗罗希克。他们将径直秘密地飞往巴登—巴登。两架直升飞机改变了航线，下降高度以躲避雷达监测，并飞越斯特拉斯堡正北面的莱茵河。直升机继续保持低空飞行，高度降到能够看见地面上的标志，明确他们所在位置后，最后设法降落在巴登乌斯一个小机场。

弗罗希克火速从机场打电话给玛素。玛素当时正在午睡，他被突然叫醒并被告知总统及夫人将到达他屋前的草坪。他立刻跳下床，穿好衣服。匆忙组织好欢迎队伍。载着戴高乐一行的飞机几分钟后在玛素将军屋前的草坪着陆。

戴高乐第一句话便是："玛素，一切都乱套了。""一切都出了毛病。"法国人对他已经厌倦了。他将辞职，而且必须告诉法国大使，让他通知西德总统，将军已在德国领土上，而且将在这里逗留一段时间。他的家人平安无事。除此之外再没什么可说的了。

一切仿佛又回到了1940年9月的达喀尔。在绝望中，戴高乐将军的精神彻底崩溃了。他与玛素进行了一个半小时的讨论，开始是在草坪上，然后在玛素的办公室，后来是共进便餐，边吃边谈。

玛素讲到法国将来会出现的混乱，又回忆起将军当年如何勇敢，成功地渡过危机，劝他不要绝望。最后，他胜利了。将军的意志像突然垮下去那样又突然重新振作起来。他叫来妻子，把行

李重新装上飞机，宣布他们将飞回法国，回到科隆贝。

到达布瓦赛里时，将军打电话给爱丽舍宫特里科特。他的声音与往日全然不同。他听起来信心十足，充满斗志。而再不像以前那样倦怠而沮丧。他说他将于次日上午回到巴黎。这天夜里他睡得很好，并早早起来起草当天的广播讲话。到5月30日中午，他已回到爱丽舍宫，并定于在下午3点召开的部长会议之前会见蓬皮杜。

就在戴高乐将军无缘无故便消失得无踪无影的这段混乱的时间里，他的部下都仍恪尽职守。5月29日，当将军与巴黎失去联系的时候，共产党领导的大示威在取得成功的同时，也构成了一个威胁：共产党控制了危机的局面，从而使危机大大降温，从这方面讲，它取得了成功。然而，从另一方面讲，它构成了一个威胁。

在没有得到政府任何答复的情况下，群众高涨的热情正在推动共产党人超越为自己制定的界限，推动他们夺取政权。共产党的两难境地为戴高乐分子提供了机会。第二天下午，即5月30日下午他们组织了一次反示威游行。这时，将军本人的出现对于他们实乃一大意外收获，为他们的努力及时赋予了合法性。

戴高乐以苍老而富权威的声音确认了反示威的合法地位，下午4点30分，他发表广播讲话。那些日子里，没有人在这个时间看电视却都准备听收音机。这次将军的表演达到了战争年代的标准。他指责共产党企图建立专制独裁；并说他不会辞职，也不会撤换总理。

在蓬皮杜动议下，他宣布推迟公决，解散国民议会，举行大选。最后，他用夸张的语调宣布，尽管有"共产党"的威胁"，共和国不会垮台，戴高乐也不会离开。

这便是所要做的一切。将军发表广播讲话后不到一小时，协和广场人山人海。到下午6点30分，50万之多的巴黎群众为第五共和国得以幸免于难上街游行。这场战斗以将军获胜告终。然而，这是他的最后一次胜利。

建立法国自己的核力量

在原子弹问题上，艾森豪威尔担心法国自己制造，杜勒斯提出过的由美国向法国提供这类武器，条件是美国人要通过盟国最高统帅部的批准来控制这些核武器的使用。戴高乐认为，这正是法国要制造自己的核武器的原因。

艾森豪威尔对戴高乐的态度发出质疑，他说："这不是表明对美国不信任吗？"

戴高乐的回答是：这不是信不信任的问题。如果俄国进攻法国，法国和美国将会结成同盟。俄国和美国有互相威慑的力量，但法国和俄国之间的情况却不是这样。

如果是法国而不是美国遭到攻击，法国人怎么能肯定美国会冒被彻底毁灭的风险呢？这个可能性既然不能肯定，法国就不得不拥有自己的威慑力量。

艾森豪威尔要戴高乐相信美国会同欧洲共命运。而戴高乐认为，第一次世界大战时期，法国经过3年几乎致命的考验之后，美国才来援助法国；在"二战"期间，则是在法国被打垮后，美国才来援助。这一点也不奇怪。这也就是法国虽然忠诚于联盟，但却反对北大西洋公约组织一体化的原因。

艾森豪威尔又反过来提了个问题："即使法国有钱制造这类贵得吓人的武器，它也远远不能达到俄国的水平！"

戴高乐镇静地说："你十分清楚，用几枚百万吨级的炸弹能摧毁任何国家。即使敌人有杀死我们十次的力量，我们只需要杀死敌人一次就够了，我们的威慑力量就是有效的了。"

这样，谁也没有折服谁。接下来，针对联合国关于限制核武器的倡议，戴高乐公开断然申明法国不参与任何禁止核弹试验的倡议。

他质问联合国，为什么企图指责法国还未开始的核试验，而不同样指责世界上首先拥有核武器的3个国家过去已经进行过的200次核试验？

于是，戴高乐公开在法

▲美国总统艾森豪威尔

国军事学院宣布：

> 在今后若干年内的重大任务是建立法国的威慑力
> 量，核打击力量！

这时，英国人提出了个折中方案：既然不能答应戴高乐所要求的理事会的全部实质性的东西，是否可以考虑一个有限的三头政治的形式以安慰戴高乐？

串通了的艾森豪威尔则提议说：有限的三头政治形式应建立在谨慎的基础上。于是迈克米龙开始扮演戴高乐的辩护人的角色。因为英国极想加入欧洲经济共同体。

这个共同体实行一票否决权制，法国就利用这种权力一直拒

▲1959年，艾森豪威尔在巴黎会见戴高乐总统时低头向其问候

绝让英国加入。迈克米龙想搞点恩惠让戴高乐意识到他在使英国顺利进入共同体方面所能起的作用。

1960年2月13日，法国第一个原子装置在雷冈沙漠中心地带试验成功，法国终于成了世界上第四个有核国家。这使戴高乐走独立自主的外交路线的信心更足。

他认为变秘密外交为公开外交的时机已经到来，甚至认为法国有权代表整个欧洲经济共同体的六个成员国说话了。

这时，美国政局又发生了变化，国务卿杜勒斯病死，不久艾森豪威尔总统第二届任期也满，由年轻的约翰·肯尼迪接任总统。

肯尼迪刚上台，就向戴高乐提了两个要求：2月间，他要求戴高乐支持美国的倡议，把刚果的军事、政治、行政指挥权移交给联合国；3月间，他要求戴高乐同意他把老挝置于东南亚条约组织的保护之下的计划。戴高乐拒绝了这两个要求。

4月28日，迈克米龙给新上任的肯尼迪寄了一份备忘录，为三大国对非共产主义世界的领导进行辩护。他赞同在使用核武器之前，三国首先进行磋商。

三国联合安排核武器的使用；英美愿意考虑帮助法国挖掘它的核潜力；检查北大西洋公约组织内部的指挥机构，以保持"各国军队的最大一致性"，并且重新分配北约的高级职务。这些条款，他甚至说得比戴高乐本人还要清楚，还要好。

后来，肯尼迪表示：他迎合戴高乐的愿望远不如迈克米龙的愿望那样大。

但戴高乐根本不在乎这些。他继续按既定方针推行他的计划。他开始向世人推销他的"欧洲概念"，提出了"欧洲是欧洲人的欧洲"的政治主张。

1963年1月22日，戴高乐与西德总理阿登纳签订了法德友好合作条约。

从他的"欧洲概念"出发，戴高乐也希望与苏联取得谅解。他认为，国家之间的关系取决于国家的利益，而不决定于意识形态。

而且，这种谅解也必须建立在充分尊重法国的基础上。它的最终目的，是要能使法国站到两大阵营的仲裁人地位。所以，在与苏联的关系中，他也显示了鲜明的戴高乐特色。

面对刺杀毫无惧色

　　军队中的那些恶人是不会宽恕戴高乐的"抛弃我们的阿尔及利亚兄弟"的"出卖行为"。他们试图杀害戴高乐将军。

　　1961年9月8日晚，戴高乐在巴黎乘车前往可龙贝村。一个爆炸装置突然引爆，致使乡间的公路上燃起了大火，并在公路上形成了一道火墙，但是没有全部引爆，还有9磅重的塑料炸药留在那里。

　　一个可疑的年轻人被逮捕了，他当时就在附近。他与一个好战的右翼组织有着密切的联系。这个组织极力反对戴高乐在阿尔及利亚推行的政策。

　　事件发生后，戴高乐的车停下了，他从汽车里走出来后，对汽车进行了检查，看是否有人受伤。他说，这种低级的暗杀只能是个"没有味道的笑料"。

　　1962年8月22日的暗杀事件更是惊险不已。这天19时，在巴

黎富丽堂皇的爱丽舍宫里，内阁会议正在进行中，暗杀分子已经在巴黎城外等候了，他们执意要让参加内阁会议的戴高乐将军死去。

暗杀分子用了几天时间对这里的地点进行了研究，还计算了射击的角度，以及汽车行驶时的速度和距离，以及拦截车队的火力强度。

他们最终选择了解放大街，因为这条马路比较长，笔直地通向小可拉玛尔区的主路。

暗杀计划是这样的：第一组由狙击手和协作成员组成，计划在总统的座车到达主路约200米前开火。他们将躲在停靠在路边的雷诺小货车后面，这个位置的射击距离和角度最合适，命中率很高。

根据计算，当和货车并排的时候，头车会被150发子弹射穿。总统座车停下来后，"秘密军队组织"的第二组就从支路上冲出来，近距离扫射，可以把警卫车辆的人员干掉。两组人再花几秒钟时间就能把总统等人处理掉，然后冲向停在

▲戴高乐在军警保护下发表讲话

另一条支路上的3辆车撤离。

19时45分，戴高乐身着通常穿的深灰色双排扣套装，系着黑色领带，随着出现在玻璃门后，石板地上的警卫再一次立正站直。

依照传统礼节，戴高乐要亲自为夫人打开车门，让她先出去，然后挽着她的手，扶着她走下台阶，向等候着的雪铁龙走去。他们在车边分开，总统夫人乘坐前面的那辆车，并坐在后座的左边，总统从右边上了车，在她身旁坐下。

他们的女婿德布瓦西厄上校，时任法国陆军装甲和机动部队的总参谋长，对车的两个后门进行检查，看是否完全锁好，然后自己坐在了司机的旁边。

在西侧墙的旁边，那里有两个戴白色头盔的摩托车手。他们发动引擎，缓缓驶出，朝着大门而去。他们之间只相距了不到3米，并排在出口处停下来向后望。这时是19时50分。

车队是向着亚历山大三世桥开去的。过了桥，戴高乐的私人司机跟着摩托车驶入加利尼将军大道，接着是宽阔的荣君园大道。他在一个十字路口处使油门放松一些，向街角的一个咖啡馆驶去，打了一通本地电话。

中校巴兹蒂安·蒂利在郊区的一个咖啡馆里等着消息。他有着正常的职业和家庭生活，但内心却对夏尔·戴高乐充满了愤怒。他认为戴高乐把阿尔及利亚交给阿尔及利亚人是对法国的背

叛，是对那些让他在1958年重新上台的人民的背叛。

失去阿尔及利亚并没有让他个人失去什么。他这样做也并非出于个人的考虑。在他看来，他非常热爱自己的国家。他相信可以杀掉这个他认为背叛了法国的人，以此来表达他对祖国的热爱。那个时候，很多人就会有着与他共同的想法，但没有多少人愿意和他成为疯狂的"秘密军队组织"的成员。这个组织下定决心要杀死戴高乐并推翻他的政府。巴兹蒂安·蒂利就是这样的一个人。

巴兹蒂安·蒂利在电话中听了一会儿，小声地对着话筒说："很好，谢谢你。"然后便挂断了电话，慢慢走出酒吧，来到人行道上，拿出一卷报纸，时不时看一下。

这时，街对面的年轻女子把一楼的窗帘放下来，并转过身来对着屋里来回走动的人说："是第二条路。"几个年轻人就跳了起来。他们都不是身手高超的刺客。

20时零5分，暗杀分子均已各就各位。当小可拉玛尔路边的枪机保险打开的时候，戴高乐的车队冲出了拥堵的巴黎市中心，向郊区的宽阔马路驶去。

此时，车队的速度提高了，达到每小时100公里。道路豁然开朗的时候，两辆摩托前导车已落到车队后面。

戴高乐一向不喜欢这种鸣锣开道的排场，一有机会他很乐于让他们离开。车队很快就进入了小可拉玛尔的勒克莱恩大街。这时是20时17分。

犹如鳄鱼嘴一样的总统座车车头闪过车站，进入暗杀者的视野。当车队和他们并排的时候，狙击手以90度角射击一个时速110公里的移动目标。头车中了12枪，大多数的子弹都打中了后面那辆雪铁龙，两个轮胎被击中。

当王牌狙击手，前外籍军团的瓦耳加射中轮胎的时候，其他的枪手正对着逐渐消失在夜色中的汽车后车窗倾泻弹夹里全部的子弹。

在暗杀分子的弹雨中，有一颗击碎了后车窗，贴着戴高乐总统鼻尖很近的地方飞了过去。

前座的上校德布瓦西厄转过身，冲着他的岳父大喊一声："趴下！"将军夫人立刻低下头，趴在丈夫的腿上。将军则冷冷地说："啊！怎么又来了？"然后扭头向后车窗外看去。

恐怖分子继续向着前面的车后部用冲锋枪扫射。透过破碎的玻璃，他们甚至可以看见戴高乐傲慢的身影。

警卫队长利用车上的无线对讲电话，把刚才发生的情况通知了前面的机场。十分钟后，车队到达机场，戴高乐将军坚持直接开到直升机等候的停机坪。

车停下后，军官和官员都围了上来，拉开车门，把浑身哆嗦的戴高乐夫人搀扶下车。

戴高乐将军从另一边下来，把腿上的玻璃碎片抖掉，没有理

会周围官员慌乱的慰问，绕过汽车，扶住妻子的胳膊。

"来，亲爱的，咱们回家。"他扶着夫人进入直升机，坐在她旁边。最后还对那些空军人员给出了他对"秘密军队组织"的评价："他们枪法实在是差。"然后，便起飞度周末去了，同行的还有德茹代尔。

告密的司机还坐在方向盘后面，吓得脸色苍白，呆呆地坐在那里动弹不得。他似乎预感到了自己的下场。

全世界的记者对这桩刺杀行动非常关注，都想打听事件的经过。就在这时，法国警方则以国家安全局为首，在特情人员和宪兵总队的协助下，发起了法国历史上的前所未有的侦察和搜捕行动。

这次的搜捕活动规模不小，仅次于后来进行的追捕另一个刺客的活动。但刺客的情况还不是十分清楚，只在档案里找到了代号为"饿狼"的线索。

事后戴高乐回忆道："令人难以置信的侥幸，我们谁都没有中弹，那就让戴高乐继续走自己的路，履行自己的职责吧！"

1963年1月，法国安全局对"秘密军队组织"在押分子进行了审判。审判进行中，漏网的暗杀分子对戴高乐政府进行了另一次全面进攻。法国特情人员也全力反击。就这样，一场现代史上最猛烈、最残酷的地下战争发生了。

2月15日，戴高乐在军事学院的战神广场发表讲话。这时

"秘密军队组织"的刺杀计划是：戴高乐进入大厅时，躲在附近房子屋檐下的刺客就对着他的背后开枪。但是戴高乐抵达现场时，所乘坐的是一辆装甲汽车，这次刺杀行动没有成功。

事后，戴高乐生气地对内政部长弗兰说："暗杀勾当实在是太猖獗了！"弗兰决定在"秘密军队组织"的最高层里来个杀鸡儆猴。他认为对阿耳顾采取行动是可能的，然后将其逮捕。这个任务由行动分局来完成。

2月25日下午，阿耳顾在罗马和其他"秘密军队组织"领导人会面后回到慕尼黑。在酒店的大堂里，两个操纯正德语的人上来搭讪。他开始以为他们是德国警察，就伸手到胸前口袋里掏护照。

忽然，他的双臂就被人紧紧挽住，顿时双脚离开了地面，迅速被架到了外面的面包车里。他一阵乱踢，却招来一顿谩骂。突然之间一只粗大的手猛击他的鼻子，另一只手则打在了他的腹部上。

小可拉玛尔事件过后不久，行动分局对"秘密军队组织"的各阶层的调查达到了疯狂的程度：被捕者受到严密的审讯，法国境内的三个地下组织也都全部关闭了。

法国警察情报部门，查抄了无数家，查获了许多武器和储备物资的秘密仓库。另外两个刺杀戴高乐的计划，也因刺杀者们刚坐下准备开第二次会时被警察当场抓获而流产。

积极倡导同中国建交

在西方主要国家中，法国是首先与中国建立了互派大使的正式外交关系的国家。

1958年戴高乐在法国重新执政，奉行独立自主政策，对美国在北大西洋集团内称王称霸、控制西欧甚为不满，主张"欧洲人的欧洲"，和西德等六国结成欧洲共同体。他还反对美苏两个超级大国左右世界事务，反对其推行核垄断、核讹诈政策，积极发展自己的独立核力量。他为了实现自己的全球战略计划，谋求改善同中国的关系，准备同美国唱对台戏，承认新中国。

那个时候，敢于不顾美国的反对和中国建交，足见戴高乐是一位富有政治远见和政治勇气的政治家。戴高乐走出了具有历史意义的第一步，尽管建交谈判时，法方极力避免是法国先提出建交的，但实际上，这个首先提议的功劳理应记在戴高乐的名下。

1963年底，戴高乐派前总理埃德加·富尔前往北京，在北京和周恩来及陈毅谈判。周恩来原则坚定，观点明确，待人以诚，耐心说理，说得富尔无言以对，明知不承认中国的建交原则是行不通的，仍然坚持双方都不提先决条件的立场。因为这是戴高乐的底线，他无权突破。在这种情况下，如果没有一个可行的变通办法，谈判只能破裂，不但戴高乐承认中国的目的不能实现，而且其尊严也会受到影响。

周恩来在整个谈判过程中自始至终表现出了一个伟大政治家的博大胸怀和高度的政治智慧，紧紧抓住新中国外交面临的这一重大机遇，力争谈判成功。

在和富尔谈判的关键时刻，考虑到法方一再声明不制造"两个中国"的承诺，只是措辞上有困难，在

▲中国国务院总理周恩来

请示毛泽东同意后，提出了一个在承认中华人民共和国政府是代表全中国人民的唯一合法政府、在联合国支持恢复中国的合法席位及和台湾断交这三个原则问题上，达成内部默契的办法，从而突破了难题，既坚持了中国的原则，又照顾了法国的困难，使中法建交的原则问题在实质上得到了合理解决。

富尔的中国之行，对共产党制度在这个东方大国所取得的成就获得了深刻的印象。他的汇报，使戴高乐对这个古老的东方民族产生了极大的敬意。

后来，戴高乐告诫美国总统尼克松：中国是一个巨大的实体，拥有丰富的资源。随着时间的推移，中国人将会使世界各个部分都感受到他们的影响；他们的雄心同他们的技巧相称。把他们孤立起来，使他们狂暴发怒是不明智的，接触只有好处。

不仅如此，后来两国政府代表在瑞士继续谈判并最终达成协议，法国代表提出的建交方案，综合起来就是：在北京和巴黎同时发表只有两国政府决定建交、互换大使的两句话的联合公报，其意图很明显，就是以这种方式取代北京商定的互换照会的方式，即法国先照会中国愿意建交并互换大使，中国复照同意，然后相约同时发表来往照会，宣布建交。这一改变，可以避免是法方主动提出建交，也更符合法方不主动和台湾断交的做法。我方采取灵活态度，同意了这种方式。

协议达成后，对方说今天达成协议的全部内容都是戴高乐亲自批准的，他不必再报告法国政府。

1964年1月27日，法国宣布与北京建立外交关系。自从中华人民共和国成立15年间，除了英国的特殊例外，美国和它的盟国都只承认台湾的国民党政府。

1964年1月31日，戴高乐在爱丽舍宫坚定地展示了他的决心。在新闻记者会上，他向在场的几百位记者阐述他决定与中国建交的原因。这场记者会不只是在阐述他对中国的看法，也是一次令人难忘的有如戏剧般的戴高乐式的演出。

中法建交在当时国际上引起了强烈的反响，对以后的国际局势发展产生了深远的影响。当时的美国《时代》杂志生动地记录了这历史性的一刻："成千张高背的金色座椅紧挨着连成了一片金色的海洋，上千个记者、外交官、政府官员迫不及待，紧张地坐在那里。15时的钟声敲响后，红色的帘幕揭开，戴高乐巨大的身躯庄严地缓缓走向讲台。"

然而，这戏剧性的一幕不该掩盖戴高乐演讲的丰富内容。他的理由主要是基于两个重大的原则，这也是戴高乐主义中的两大特点。那就是人们必须采取一种长远的眼光，正视思考长久不变的现实，以超越那些过渡性的事件与相对短暂的现象。

戴高乐首先指出了中国在人口以及地理上的两个现实：

> 伟大的中国人拥有地球上最多的人口，居住在辽阔的土地上。这片陆地从西亚延伸到广大的太平洋海岸；从严寒的西伯利亚延伸至热带地区的印度与东南亚，紧密相连却没有同一性。

戴高乐了解到中国的分量，这是一个不辩自明的事实，因此

他决定与中国领导人展开合作关系。他了解到，不论是亚洲甚至是世界上的任何一个问题，如果没有中国的积极与建设性的参与，就不可能有一个长治久安的解决之道。

接着，戴高乐介绍他对中国的核心思考：

> 中国不是一个民族或是一个民族国家，中国在根本上是一个文明，一个独特而深厚的文明。

1965年9月9日，戴高乐在一次新闻记者会上说：

> 一个有重大影响力的事实正在发生并且重新塑造着世界的面貌，那就是中国深刻的变革，使中国占有了领导世界的位置。

通过后来的政府之间的交往，戴高乐还对与他同时代的仅比他小3岁的毛泽东产生了一种强烈的知音之情，只是由于死神的破坏，这两位巨人才失去了促膝谈心的机会，留下了一个历史性的遗憾。

戴高乐未能访问中国，但这丝毫也不影响戴高乐在中国人民心中的地位，丝毫不影响中国人民对戴高乐的崇敬心情。

不管在不同条件下对戴高乐有过什么不同的评价，历史是客观存在的。中国人民对戴高乐最精辟的重新认识，当属毛泽东在戴高乐逝世后发给戴高乐夫人的唁电。

毛泽东在唁电中称戴高乐为"反法西斯侵略和维护法兰西民族独立的不屈战士"。

这个评价，绝非偶然。毛泽东和戴高乐都是历史伟人。他们一位是无产阶级政治家，一位是资产阶级政治家。他们都有崇高理想，那就是让自己的祖国能够自立于世界民族之林。

全部建交谈判过程显示了戴高乐是中法建交的倡导者，没有戴高乐的主动，就没有那个时候的中法建交谈判。同样，没有周恩来的促进，就没有谈判的成功。

果断终结"五月风暴"

在戴高乐执政期间，法国正在向世界最先进的国家迈进。到了1967年，法国国民生产总值人均达到2210美元，超过了英国、荷兰、比利时和西德。最显著的一点是，从民族生命力的角度看，出生率已在迅速增长，人口结构正在走向年轻化。

当过教官的戴高乐一直认为自己是一个想教书的人，非常关心教育工作。他指令创办了"中等教育专科学校"，设置了各种因材施教的课程。这些措施使法国人口素质大大提高。

在经济和财政问题上，第四共和国的经济包袱和政治遗产一样令人生畏。戴高乐为了对付这场危在眉睫的灾难，于1958年6月13日发行了一次公债，收回货币3240亿法郎，交给银行黄金150吨。

同时，戴高乐采取了一些行之有效的措施：行政机构费用的增加推迟了，许多商品的零售价格下降了，提高了商业税，并对奢侈品按价格征收了附加税。这样就缓减了由通货膨胀引起的物价上涨，减少了国内消费，刺激了出口。

戴高乐治国，不仅依赖把行政管理权交给现任总理的方式，而且依赖由干练的技术专家班子组成的爱丽舍宫内阁。事实上，爱丽舍宫的总统秘书处是一个无形的政府，一个与有形的政府平行的办事机构。

秘书处成员由戴高乐亲自委任，个个大权在握。有人曾提醒戴高乐注意他正在为后来者开创危险的先例，戴高乐不屑地喊道："得啦！我现在做的事，将来谁也没有胆量做。"

这当然会引起许多政客的不满。社会上大批成年人对现状不满助长了学生的情绪，各种各样的持不同政见的小组像过去的抵抗运动组织那样建立起来。这些组织虽然很小，但他们高昂的激情和狂热却可以补偿这个缺陷。

1968年春天，从北美到西欧此伏彼起的学生运动蔓延到了法国。这场学生运动

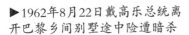
▶1962年8月22日戴高乐总统离开巴黎乡间别墅途中险遭暗杀

引发了震撼整个法国、从根本上动摇了戴高乐政治统治的"五月风暴"。

农泰尔文学院本来是平静的，后来由于新生增多，出现了许多问题。学生们首先提出了改造传统教育体制的要求。他们认为：法国传统的教育制度限制了学生学习的积极性和生活的自由，主张取消严格的考试制度，学生应该参与学校的管理。

1967年12月以来，学生们开始了抵制考试的运动。运动迅速带有政治色彩：从反对校规到反对越南战争，从要求绝对自由到抨击资本主义制度。

运动的口号是五花八门，出现了名目繁多的以"新左派"自诩的群众组织，有的以托洛茨基为招牌，有的打出格瓦拉主义的旗号。学生中也出现了一些颇有些号召力的带头人，其中最著名是社会学系的德籍学生丹妮尔·科恩·邦蒂。

1968年3月22日，科恩·邦蒂领导的"3月22日运动"小组诞生了。这一天，在科恩·邦蒂的号召下，七百多名学生占领了学院的行政大楼，"3月22日运动"便因此得名。学校当局请求警察干预，矛盾陡然激化。

运动很快传播到了巴黎大学所在的著名的拉丁区，传播到了全国各地的大学。警察逮捕科恩·邦蒂以后，对立情绪一下子发展到了白热化的程度。被激怒了的学生同荷枪实弹的警察发生了直接冲突。

在蓬皮杜总理的过问下，关了12个小时后，科恩·邦蒂被释放。但是局势并没有丝毫平息，示威行动继续发展，持各种倾向的学生组织、社团多如牛毛，就政治、经济、社会、制度、革命等各种问题展开空前狂热的大辩论。5月2日，巴黎大学当局宣布停课。教育部长佩雷菲特、内政部长伏歇束手无策。

也正是5月2日这一天，总理蓬皮杜和外交部长顾夫·特姆威尔动身前往伊朗和阿富汗进行国事访问。由司法部长路易·若克斯代理总理的工作。

蓬皮杜在这样混乱的局势下还要出国访问，以及晚些时候戴高乐同样不顾时局的动荡而依旧出访罗马尼亚，曾引起人们的许多议论和猜测。

难道他们对国内的局势就那么坦然吗？显而易见的是，总统和总理在处理这场危机的做法上是很不一样的。蓬皮杜在离开巴黎前曾经表示过，对于学生运动，既要坚定，也要灵活，否则则难于收拾。他把问题留给了总统。

戴高乐则十分自信，也十分镇定。在他看来，对示威活动只能采取坚决镇压一途。他指示代总理若克斯、内政部长伏歇和教育部长佩雷菲特，绝对不对学生让步。

5月3日，巴黎大学驻进了武装警察，学生则用石块和街垒占领了拉丁区。棍棒、防毒面具、催泪弹、铺路石块等，拉丁区成了警察和学生的战场。至5月6日，被捕的学生达400余人，几百

名警察和学生在冲突中受伤。

学生们决定在13日举行更大规模的示威行动。这时，法国总工会和民主工人联合会决定打破沉寂，也宣布将于13日举行总罢工，学生将和工人会合在一起了。

戴高乐一直处在愤怒之中，他固执地决定：绝不让步，被捕的学生不能释放，警察不能离开巴黎大学。

11日晚，蓬皮杜回到了乱作一团的巴黎，他决定采取与戴高乐不同的办法来收拾局面。在他看来，唯一的办法就是把警察从巴黎大学撤走，让学生复课，缓和矛盾，使学生们的狂热情绪逐渐地平息下来。蓬皮杜请求戴高乐放手让他去处理，建议戴高乐按原计划于14日对罗马尼亚进行国事访问。

事实上，戴高乐已经把话说绝了，很难回心转意，看来让蓬皮杜全权解决这个难题，对戴高乐说来不失为一个回旋之计。戴高乐决定依旧出访，听任蓬皮杜自行处理。这次是总统把问题留给了总理。据说，他对蓬皮杜说，现在球在你的场地上，如果你赢了，法国也跟你一起赢；如果你输了，那你就倒霉了。

学生和工人们选择5月13日作为联合行动的日子，是别有用意的。5月13日是象征戴高乐重返政治舞台的日子，所以这个决定本身就带有反戴高乐的含义。

这一天，几十万工人举行了总罢工，学生大批地涌上街头。他们打着旗子，标语牌上写着："十年太长了！""把戴高乐送进档案中去！把戴高乐送进修道院去！"

运动很快扩展到其他大中城市，100个工厂被工人占领，火车车次减少，邮电不能正常运行，飞机无法正点起飞。法国瘫痪了。第五共和国诞生十年了，第一次出现了要求戴高乐辞职的口号。

14日，工人们占领了南特的飞机工厂，许多别的工厂的工人也起而效仿。蓬皮杜对议员们说，法国面临的是一种文明的危机，而不是政府的危机，青年们提出的问题涉及他们在社会中的地位，他们的权利和责任，他们的道德平衡问题。

戴高乐在辞去总统职务以后也曾同当过政府文化部长、戴府座上客的安德烈·玛尔罗谈论过所谓"文明的危机"。

戴高乐和蓬皮杜都不认为第五共和国会被学生们推翻，但是他们都隐约而又分明地感到，传统的资本主义社会正孕育着前所未有的新因素，就像戴高乐说的"技术文明"必将带来新的社会问题一样。

14日，戴高乐从奥利机场乘总统专机到罗马尼亚进行国事访问。巴黎的事态继续恶化，学生们进驻奥代翁大剧院，巴黎大学的墙上涂满了五颜六色的标语，学生们到处发表演讲，唇枪舌剑，抨击时政。

18日22时，戴高乐返回跟五天以前一样混乱不堪的巴黎。午夜，戴高乐召见蓬皮杜等政府要员，局势几乎到了不可收拾的地

步，戴高乐除了大叫"改革可以，胡闹不行"之外，拿不出任何可以突破僵局的办法。学校和工厂继续处于被占领状态。

23日，戴高乐召开内阁会议，他说，社会需要改造，为了缓和工人和学生们的对立情绪，唯一的办法是推行劳资合作，借助社会民主主义的改良措施缓和一下激化的矛盾。他透露可以就合作问题举行一次公民投票。

但这时谁也说不清楚戴高乐的合作计划的具体内容，而公民投票只能是孤注一掷的办法——像押赌注一样，如果戴高乐得到多数，风潮也就失去了依托。否则，戴高乐就只好下台。戴高乐在濒临山穷水尽的时候，想再次求助于公民投票这个撒手锏。他没有必胜的把握，但想试一试自己的权威还有多大作用。

24日，戴高乐发表演讲，这是他在出访罗马尼亚之前就已决定了的。他向全国透露，他打算对国家实行一次较大的改革，让大家更广泛地参加同他们直接有关的活动。他打算就此提出一项法案，在6月份举行公民投票。他最后说，如果法案遭到多数人反对，他只好辞去总统职务。

就在戴高乐发表演讲的24日，罢工人数增加到800万人，电视台也参加了罢工。演讲引不起人们的任何热情。戴高乐气急败坏，无可奈何。25至26日两天，他独自一人在爱丽舍宫度过了惴惴不安的周末。27日下午戴高乐主持内阁会议，他和部长们依然束手无策。

这时，全国学生联合会正在拉丁区南部的夏勒蒂体育场召开群众大会，接着举行游行示威。

根据戴高乐的意见，有关部门草拟了在有关经济部门中工人参加管理的方案。但是，在这种极度混乱的情况下拿出一份冗长而烦琐的文件，又能起什么作用呢？戴高乐虽然批准了草案，但只能先搁在一边。

下次内阁会议预定在29日10时举行。9时15分，蓬皮杜突然接到电话说，戴高乐将军很疲倦，要回可龙贝休息24小时，内阁会议改在30日15时。

11时，戴高乐亲自给蓬皮杜打来电话，说他只是想静静地休息一下，第二天15时一定回来，他劝蓬皮杜放心，一切都会过去的，并告别说："我拥抱你。"

几小时后，总统府秘书长贝尔特·德利克匆忙来到马蒂尼翁大厦，向蓬皮杜和部长们宣布了一个意外的、富有戏剧性的新闻：戴高乐并没有回到可龙贝，"将军失踪了！"消息传来，举座愕然。

原来，戴高乐乘坐的直升机没有直飞可龙贝，而是转道联邦德国的温泉胜地巴登巴登。在那里，戴高乐同法国驻德部队总司令马旭将军进行了一小时的密谈，然后又重新起飞，返抵可龙贝。

戴高乐的行踪十分保密，据说除马旭外，只有国防部长梅斯

梅尔和联邦德国总理知道。戴高乐同蓬皮杜总理开了一个令人啼笑皆非的玩笑。蓬皮杜感到，戴高乐的举止有失常态。

戴高乐在巴登巴登和老伙伴谈了些什么，众说纷纭。但是可以猜得出，戴高乐在处境艰难之际，希望得到武装部队的支持。

在这期间，巴黎的各种政治力量都在积极活动。最引人注目的是皮埃尔·蒙待斯·弗朗兹和弗朗姆瓦·米特拉，他们分别表示愿意在必要时受命主持法国政务。

戴高乐的拥护者也在积极活动，他们准备对工人和学生运动进行一次声势浩大的反示威，以协助戴高乐稳定局势。问题很明白：如果第五共和国真的出现危机，戴高乐在危机中被赶下了台，对于整个戴高乐派都是致命的打击。

戴高乐派开展了声势极大的宣传攻势，他们说，如果局势继续恶化，各派力量继续尖锐对立，法国将难免发生内战，那时就有可能出现独裁政权。

他们还说，在局势失控的条件下，法国共产党将有可能掌握政权。戴高乐主义者集结起来了，他们决定5月30日在协和广场进行支持戴高乐的反示威活动。

30日，戴高乐从可龙贝回到巴黎。离开爱丽舍宫24小时之后，戴高乐恢复了镇静，似乎是信心百倍。

30日14时，戴高乐在爱丽舍宫与蓬皮杜见面，根本没有提到他同马旭谈了些什么，好像全然没有那回事。

戴高乐只是对蓬皮杜说，他决定现在不进行公民投票，准备解散议会，重新举行大选。戴高乐打算通过重新选举国民议会的办法来检验政权的稳定性。

简短的内阁会议开过之后，戴高乐便在16时30分宣布："我宣布解散国民议会。"接着，戴高乐大谈了一阵所谓共产主义对法国政局的威胁，号召所有的戴高乐主义者走上街头。

戴高乐派的示威可以说组织得恰到好处。30日18时，大约百万之众集合在协和广场，其中有在北非服过役的伞兵部队、曾经追随戴高乐从事抵抗运动的老兵，这些游行者既向人们显示戴高乐有着光辉的历史，也显示戴高乐在军队中有相当的影响。

议会改选于6月23日开始，两次投票先后在6月23日和7月1日举行。选举结果，戴高乐派得346席，其他各党派共得117席。戴高乐在一段一筹莫展的痛苦时刻之后又取得了胜利。

然而，蓬皮杜总理却不为胜利感到兴奋。他感到问题没有解决，戴高乐也不信任他，戴高乐的巴登巴登闪电旅行就是证明。蓬皮杜决心辞去总理职务，戴高乐曾挽留了一两次。

大选之后，戴高乐终于在7月10日在答复蓬皮杜辞呈的信中确认，不再任命蓬皮杜为内阁总理。接任的是原外交部长顾夫·特姆威尔。

蓬皮杜至此当了六年多的总理。戴高乐和蓬皮杜之间芥蒂越来越深了。当戴高乐日益进入老境的时候，盛年的蓬皮杜在承当

繁重的政府事务中愈来愈引人注目了。

特别是在"五月风暴"期间，戴高乐几乎无能为力，蓬皮杜却十分活跃。据说蓬皮杜还几次流露出接替戴高乐出任共和国总统的想法。

风暴总算过去了。法国像生了一场瘟病，躯体大为虚弱了。戴高乐决心给多病的法国注射一次强心剂，他将向全国提出一个大规模的区域改革方案。

这虽不是剧烈的斗争，却是一道考验戴高乐政权韧性的关口。因为，无论他提出什么方案，无论方案的具体内容是什么，都将为各种反戴高乐的政治力量提供集结的机会。

预先写好辞职公告

戴高乐虽然在"五月风暴"中赢得了最后胜利，但这事件本身却大大伤害了这位老人的自尊心，伤害了他为民族奋斗的感情。尽管他过去也并不认为国家、民族仅仅是人的总和，这次对法国人的失望却使他寒心。

他已经78岁，他还得留五六年时间写第二次执政时期的回忆录；他不能容忍自己不顾自然规律的制约留恋权势，最后落个可怜下场。因而，他私下决定，再为国家干两件事，然后退休。

第一件事是搞好议会选举。这可以表明他的政府是得到人民的支持、拥护的。这件事他获得了圆满的成功。

在大选的第一轮投票中，戴高乐派取得了压倒多数的优势，其他党派则大受挫折。第二轮投票结果表明，他制定的第五共和国宪法和依照这个宪法产生的政体的地位是空前稳固了。

第二件事，是他正醉心的在法国进行一场社会改革的构想。

他自认为这将是他一生中最辉煌的成就和个人事业中最后的光辉篇章。这就是戴高乐的劳资合作设想。

在戴高乐的内心深处，他始终相信共产主义的潮流将席卷全世界。共产主义在俄国和中国这两个世界上最大最穷的国度所取得的成功，使他产生了把法国保持在共产主义主流之内的愿望。但是这个共产主义必须是戴高乐式的共产主义。

戴高乐认为马克思主义作为一种哲学，丝毫也没有什么不妥之处；列宁主义则是要把群众组织成为一个有纪律并有最终革命

▲戴高乐驱车视察

目标的组织，这就必须严加防范了。经过苦心研究，他认可了马克思主义的剩余价值学说和阶级斗争学说。

戴高乐声称自己找到了回答马克思所提问题的答案和熄灭阶级斗争的办法，这就是"劳资结合"。在1968年6月7日接受电视台采访和9月9日举行的记者招待会上，他把他的"劳资结合"解释为工人分享工厂的利润并参与企业管理。

但在内心里，戴高乐却又有隐忧。他现在对法国人开始失望。他的打算是，他还做最后一次努力，如果法国人听他的，他就坚持干到1969年79岁的生日，争取把新的社会秩序作为他留给法国人的一份宝贵遗产；如果法国人不听他的，自甘堕落，他就退休，用另一种即写回忆录的方式为祖国效最后一次劳。他把全民表决的时间定在11月初开始辩论，1969年1月中旬最后投票。

他劲头越来越大，他雄辩滔滔，力图用满腔热忱来感染他周围的人。1969年3月11日这个最后时刻，一场新的社会风暴无情地粉碎了这位老人改革社会的信心。工会发动了一场总罢工，使全国许多地方陷入了瘫痪。部长们愁眉苦脸，要求总统立即放弃他的全部计划。接着，《费加罗报》发表了一项民意测验结果：反对者将占据多数。3月19日，他在一份公告里说：他把公民投票当做"交给法国人民来决定对他的信任不信任的问题"。他宁愿在一个有声有色的失败之后立即辞职，而不愿随着时间的消逝平淡无奇地走下政治舞台。他这种选择充满了英雄主义气概，

这正是他一生的特色。1969年3月25日，戴高乐怀着凄惨的情怀，依照惯例向全体法国人发出了他的最后一次激动的呼吁：

> 法国女同胞们，法国男同胞们，在决定法国今后的命运方面，你们每个人所做的决定从来没有像这次这样关系重大！

接着，他把预先写好的辞职公告装在密封的信封里交给顾夫·特姆威尔。他要总理把它放在口袋里装两天，只有在得到将军的许可之后，在星期日晚上到星期一早晨的某时某刻公开发表。投票的结果完全证实了《费加罗报》民意专家的预言：反对票占多数。23时，共和国总统府秘书长贝尔特·德利克给在可龙贝的将军打电话，问公告可否发表？将军的回答是简洁的两个字："可以。"

午夜，全世界都确切地知道了这件预料中的事。将军的最后正式声明就像他的答复一样简洁：

> 我将停止执行共和国总统职务。这个决定自今日中午生效。1969年4月28日上午11时。

戴高乐将军永远地回到了他的平民身份。

回到家乡可龙贝

戴高乐将军拒绝了退休总统应该享受的年金，带着妻子回到了祖先居住的地方——可龙贝教堂村。

他从国家接受的唯一的东西，就是武装部队拨给他的、坐落在巴黎布雷特尔大街的一座不大的平顶房。房屋里有间小小的办公室，挂着生丝挂毯，摆着一张红木办公桌。这里被作为他接受和处理来自世界各地信件的地方。

1969年6月19日，戴高乐开始写他的《希望回忆录》，这是他必须用尽最后的力量兴建的最后的文字纪念碑。法国外交部一个由皮埃尔·路易·希朗领导的研究班子为他提供必要的帮助。

这部回忆录计划为三卷，第一卷《复兴》，写1958至1962年间的事，于1970年出版，并立即成为了畅销书。第二卷《努力》，仅完成了没有标题的两章，计划中是七章，两章写政治，两章写经济与社会，两章写外交事务，最后一章写哲学，对法

国、欧洲和世界做出评价。第三卷《终点》，将写1966至1969年间的事。

然而，写作并不能排解失意的苦闷与忧伤。因为直到这时，这位老人也没有改变他的"我就是法兰西，我代表正统的观念"。他沉痛地决定再不参与任何与官方有联系的活动，不再同现任部长们谈论"国务"问题。

戴高乐无论如何也不愿给别人留下他在幕后操纵政治的印象，除非因国家制度和重大的政治抉择引起争执，或者遇到有人想利用他来掩护一些他不同意的行动这样一些特殊的情况。

戴高乐说："我很清楚他们会另搞一套。但他们别想借用我的名义来干这事。我已经不再继续工作了。当然一切都两样了。这将是他们的事。"

戴高乐的苦闷心情常占上风，这主要是对法国人痛感失望。他对一个晚辈说："他们没有否决戴高乐，他们是否决了奋斗。他们选择了不再奋斗的道路，他们选择了当弱小民族的道路。我将是最后一个试图有所作为的人。既然他们已不愿进行改革，何必再让戴高乐领导法国人呢？为了日常的例行公事，他们不需要戴高乐。"

他还补充说："我发现反对我的还是那些人，即被勒令闭嘴的那帮人。""我相信未来是不由凡人掌握的。"此后，他经常重复这么一句话："啊！如果上帝给我岁月……"

戴高乐还是对6月份法国举行的总统大选给予了关注。为了免使竞选者蓬皮杜为难，他带着妻子离开了法国，去爱尔兰度了一个月假。6月15日，蓬皮杜当选为第五共和国第二任总统。第二天，他就给新总统发出了封电报：

　　　　由于国家和个人的一切原因，我向你表示衷心的祝贺。

回忆录撰写得比较顺利。但他的视力仍在下降，一位登门访问的教士因为身穿长袍而被他误称为"夫人"；他的饭量变得很大，还喜欢在写作时吃些甜食，因而使体重不断增加。

好在他的睡眠不错，也能出门散步，尽管当年的轻步兵步伐慢了下来，却还是能毫无困难地走三四公里。没有什么恶性疾病，主要问题是他的腹部赘肉一天天堆积起来，使他看上去比实际胖许

▲戴高乐辞去总统职务后回到家乡科龙贝

多。"希望上帝借给我一点时间"，他常常这样说。

埋头写作之余，将军也没忘记去实现在执政期间由于政治上的禁忌而未能满足的夙愿。

过去，他对西班牙元首弗朗哥将军维持长期统治的艺术一直钦佩不已。

1970年6月8日，他终于得以在马德里郊外的豹宫与弗朗哥将军共进午餐。

他还有一个最大的愿望是访问中国。原来他是极力敦促尼克松去，现在他开始通过外交部门为自己探讨这种可能性。

戴高乐将军对中国怀有良好的情感。他称中国是"一个比历史还要古老的国家"，中国人是"真正的人，自豪的人"。他对新中国的领导人和解放后所取得的伟大成就十分赞赏。

戴高乐说："只有毛泽东才具备必要的威望，使某些重大的事业得以在中国完成，也只有他的领导才能使中国从当时的不发达和无政府的状态中摆脱出来。"他还说："中国是一个伟大的国家，是个历史悠久、资源丰富而又幅员辽阔的国家。"

戴高乐希望有生之年能访问中国，他要亲眼看看北京，看看长城，看看中国革命圣地延安，再看看古都西安，然后再旅游上海、南京、广州。然而，生命的节奏没能让他实现这个愿望。

第五章 与世长辞

只有当一个领袖必须做到了在智慧与自信之间保持很好的平衡时，作出的决定才具有预见性。

——戴高乐

卸任后的平民生活

法国政府给卸任的戴高乐配备一套工作人员：一名私人秘书，3名军事副官和4名公务秘书。这些工作人员就在位于布勒特伊大街的办公室里处理寄给他的上万封信件以及索尔费里诺街办公室遗留下来的文件。

政府给戴高乐的待遇可谓丰厚，但他本人从未到过自己的新办公室，而是宁愿留在可龙贝，通过邮局与办公室联系。工作班子的一名成员总会在每周四从巴黎来到这里向他汇报工作。

在辞去总统职务之后，戴高乐仅仅为参加孙女安妮的首个圣餐仪式而回过巴黎一次，行程处于保密状态，而且时间非常短暂。

戴高乐在可龙贝的生活极为规律，他每天在9时下楼写作，直至中午结束，然后午餐、散步，16时至18时仍旧是写作。他的写作速度不是很快，因为总是有无数的涂抹和修改。

他在写作时不能受到任何干扰，当然也没有人想在这个时候与他说话，因为他在写作时习惯于让书房变得和热带温室一样炙热，因为他习惯在气温非常高的房间里写作。

戴高乐在外出时对气候并不敏感。他在冬天外出散步时会加穿一件大衣，他的西服都是用厚重布料缝制而成，但他拒绝在下雨时打伞，也不喜欢戴帽子，而戴高乐夫人总喜欢在冬天外出时戴上一顶舒适的帽子。

两人现在习惯于手持杖防止自己摔倒，他们的手杖都带有银制的尖端，而戴高乐的那一支在扶手下面还镶着一道银圈。

可龙贝的生活比较沉闷，没有多少社交活动。戴高乐整日写作，伊枫娜编织毛活，两人在晚上有时一起看电视。每年的11月11日为第一次世界大战停战纪念日，戴高乐曾在1969年前往凡尔登参加纪念仪式，但他的行程非常低调，没有发表任何演讲。

戴高乐夫妇偶尔驾驶自己的汽车外出，这只是因为写作疲劳而外出散心，并非真正意

▲戴高乐晚年

义上的旅行。除了布勒特伊大街办公室工作人员定期来访，没有多少客人上门。

家庭成员的走动比较频繁，孙辈的到来尤其受到老夫妇的欢迎。戴高乐与其他的老祖父没有什么区别，对孩子们非常宠爱，同时对他们的学业非常关心。家庭聚会是少有的高兴时刻，人们时常会看到老人被孩子们的滑稽动作逗得哈哈大笑。而在担任公职的那些岁月里，他从没有让自己尽情享受这份天伦之乐。

1970年的新年匆匆而来，又匆匆而去。回忆录的写作仍在进行之中，但让戴高乐感到极为吃力，往日的创作激情似乎少了许多。老将军于是在1月份决定去国外参加一次6月18日的纪念活动。

他选定的目的地是西班牙。这一计划需要花费一些时间，戴高乐则想去马德里和埃斯科里亚尔，然后在西班牙南方找一个安静地方休息10天；戴高乐夫人打定主意要去参观圣地亚哥、孔波斯特拉和隆塞巴莱斯。

两人最终找到一个彼此都满意的方案，他们在6月3日起程，在极为保密的情况下乘车穿越法西两国边界，一路驶向圣地亚哥。在这里参观完毕之后，他们又访问阿维拉和马德里，并受到弗朗哥将军的热情款待。

这次会面并不符合戴高乐的胃口。他在事后说道："'在夜幕将至时，您已经善待西班牙！'你们当然明白'在夜幕将至时'的言外之意，是的，善待西班牙，尽管他有种种镇压和罪恶行径。"

离开马德里之后，他们途经托莱多，一路向着南方的安达卢西亚驶去。他们在哈恩附近停下，参观科尔多瓦的大清真寺，然后他们按照将军的意愿在布兰卡山马勒贝耶附近的奥亨找到一处小旅馆寄宿10天。

以后的行程再没有这么长久的停留，他们先后访问塞维利亚和埃斯特雷马杜拉地区的大平原，参观查理五世皇帝度过最后岁月的尤斯特修道院，继而穿过老卡斯蒂尔前往布尔戈斯进行探访。

旅行环境比较艰苦，他们一路需要顶着狠毒的日头穿过大片荒凉地带，有时需要在路边野餐，因为一些路段根本没有小旅馆。但是，这个国家的艰苦自然环境和气候似乎对戴高乐极有吸引力。

他在漫漫旅途之中亲身体会到西班牙民族的性格是如何在过去的几个世纪之中形成，而这种性格之中的某些严酷或无情也很令他着迷。尽管这里没有爱尔兰西部的安静，却具有毫不逊色的魅力。

按照戴高乐夫人的要求，他们取道隆塞巴莱斯返回法国，最终在6月27日抵达可龙贝。回到家中之后，戴高乐依旧伏案写作、思考、看电视，而戴高乐夫人依旧做她的家务。

然而，他们谁也不曾意识到，这是戴高乐夫妻最后一次共同外出旅行。

一位巨人猝然去世

1970年11月9日，戴高乐由于心脏病猝发突然去世！仅差两个星期，他就整80岁了。他死前并无任何疾病和不适现象，还像往常一样地撰写他的回忆录。

急救大夫经过简短的检查，诊断为动脉瘤引起胃动脉破裂。将军不省人事，他的面容在几分钟内变得苍白，双手也同时发白。据他的夫人伊枫娜说，将军没有痛苦，而且也不知道自己要死。

被尼克松认为"在世界第一夫人中排位很靠前"的伊枫娜·戴高乐夫人英勇地面对了这惨变。她一刻也没有失去理智，她强抑悲痛，立即着手处理那些她应该独自处理的问题，因为她的儿女此刻没一个在身边。

伊枫娜要神父打电话向巴黎宣布将军之死，并通知菲利浦·戴高乐。神父对巴黎的德布瓦西厄将军仅说了半句"你的岳父刚刚离开我们"，就泣不成声了。

蓬皮杜总统于次日早晨8时30分得悉噩耗。中午，他向全法国人民做了如下广播讲话：

男女同胞们：

戴高乐将军逝世了。法国失去了亲人。1940年，戴高乐将军拯救了我们的荣誉。

1944年，他领导我们走向解放和胜利。1958年，他把我们从内战的威胁中救了出来。他使今天的法国有了自己的制度、独立和国际地位。

值此举国哀悼之际，让我们当着悲痛的戴高乐夫人和她的儿孙之面向他鞠躬致敬。

让我们估量一下感激之情加在我们身上的责任。让我们向法国保证，我们绝不辜负我们所得到的教诲。愿戴高乐将军永远活在全国人民的心中。

死后的戴高乐不会轻易得到安宁，他早已料到自己的死亡将成为一场重要的政治事件。法国政府、至少蓬皮杜总统被卷入其中。政府在得知戴高乐的死讯后立即进行消息管制，以便让他的家人前往博伊瑟里向遗体告别。

当第二天的清晨来临时，人们发现这件事情如此重要，以至

于无法再向外界隐瞒。

另一方面，首先向外界披露戴高乐死讯者必定能够从中捞取巨大的政治资本。

戴高乐在1952年就已经拟定文稿内容。这遗嘱写于1952年1月16日，戴高乐将军当时把它密封在一个信封里，亲手交给了蓬皮杜，规定要在他去世后才许启封。

▲戴高乐将军逝世

蓬皮杜希望由自己亲口宣布戴高乐的死讯，亦由他在11月10日早晨向部长会议宣读将军有关葬礼安排的指示。戴高乐的家人则希望自己发表将军的遗嘱。一番争执之后，蓬皮杜获胜。

九泉之下的戴高乐很清楚自己的死亡将成为一场公共事件，

尽管他曾努力避免这种局面的出现。他早已深刻地体会到作为一名政治家的公共生活与作为一名丈夫、父亲或祖父的私人生活之间的巨大反差，曾经就政治领导人需要扮演的公共角色讲授课程，并将有关思想写入《剑刃》。

现在，是该遗嘱启封的时候了。

11月10日，爱丽舍宫发布了将军的遗嘱。

戴高乐在遗嘱中写道：

我希望在可龙贝教堂举行我的葬礼。如果我死于别处，我的遗体必运回家乡，不必举行任何公祭。

我的坟墓必须是我女儿安娜安葬的地方，日后我的夫人也要安息在那里。墓碑上只写：夏尔·戴高乐（1890—？）。

葬礼要由我的儿子、女儿和儿媳在我私人助手们的帮助下安排，仪式必须极其简单。我不希望举行国葬。不要总统、部长、议会代表团和公共团体参加。只有武装部队可以以武装部队的身份正式参加，但参加的人数不必很多。不要乐队吹奏，也不要军号。

不要在教堂或其他地方发表演讲。国会里不要致悼词。举行葬礼时，除我的家庭成员、我的解放功勋战友和可龙贝市议会成员以外，不要留别的位子。

法国的男女同胞如果愿意的话，可以陪送我的遗体到达它的最后安息之地，以给我的身后遗名增光。但我希望要静默地把我的遗体送到墓地。

我声明，我事先拒绝接受给予我的任何称号、晋升、荣誉、表彰和勋章，不论是法国的还是外国的。授予我上述任何一项，将违背我的最后愿望。

这个10多年前写下的遗嘱被不折不扣地执行了。

在1970年11月12日举行他的葬礼这天，法国本土和海外属地普遍规定为国丧日。

各部部长和国会议员都未参加。只有几个曾任过部长、抗战时期戴高乐的战友参加了当地教堂的葬礼和入土仪式。同时，法国四万多名男男女女，从法国各地自行来到可龙贝，为他们的将军做最后的送别。

在巴黎，举行了盛大的仪典。11月12日上午，冬雨涝滞，北风呼啸，在可龙贝举行葬礼之前，巴黎红衣大主教马尔蒂在巴黎圣母院为戴高乐将军举行隆重的安灵弥撒。

遵照戴高乐的遗嘱，葬礼在没放哀乐，没有吹奏，也没有法国政府代表参加的情况下默默进行。

来自世界各地的63位现任和前国家元首及政府领导人默默地走过80米长的圣母院大教堂的正廊，向这位世纪的巨人沉痛地表示他们的敬意。

几十万巴黎人冒着倾盆大雨，默默地向爱丽舍宫行进，在凯旋门，在26年前他们的救星曾站立过的地方，肃立致哀！

第二天，巴黎市议会把凯旋门所在的星形广场改名为"夏尔·戴高乐广场。"这既不是表彰，也不是授勋，只是一种纪念，是一种最接近于所想象得出来的、向拒绝任何荣耀的领袖授予"荣誉"的办法。

夏尔·戴高乐广场无声地记述了人们对这位将军的评价：爱国、无畏、顽强、尊严、坚定、独立。

戴高乐的战友和他的敌人都认为：戴高乐是一位历史巨人。

不许子女搞特殊化

20世纪50年代末，戴高乐就任法国总统，他进入爱丽舍宫后做的第一件事，就是对主管礼宾事务的官员关照："我跟你们约法三章，今后你们至多只能安排我的孩子们参加两次招待会。"主管礼宾的官员对此大惑不解，戴高乐则耐心地作了解释："这样做可以避免搞特殊化，对孩子的成长有利。"

在戴高乐执政的11年间，他的家庭成员从未由于他的缘故而得到过任何例外的提升，他的亲属子女也从未有一个人被安排在政府部门任职或谋取利益。戴高乐严格要求自己的孩子，不准他们抛头露面，搞特殊化。

有一次，戴高乐的孙子们要参加一次冬季运动会，由于路途遥远，请求爷爷帮助解决交通和住宿问题。这对戴高乐来说，是轻而易举的事，但是他没有应允，耐心地与孩子讲了公与私的关系，让他们自己去想办法解决这些问题。

戴高乐对子女的严格要求，不准他们搞特殊化的做法是英明的。他鼓励自己的子女依靠自己的努力在社会上争得一席之地，而不是依靠父亲去取得特权。如若孩子从小就有了"大树底下好乘凉"的观念，那么，一旦大树倒了，孩子就会无所适从，等他们独立面临困难时，必然无所适从，这样反而会害了他们的一生。

　　法国海军上将菲利浦·戴高乐极像他的父亲，在"二战"时期他以中尉的身份和所有的战斗法国人一起英勇作战。战后他唯一的抱负就是作为一名海军军官为国效劳，从不要求任何特权，从不干任何有损于"将军"体面的事。

▲戴高乐和妻子、副官在家乡

戴高乐是军人出身，他十分看重时间观念，对子女一直严格要求。每当他的儿子菲利浦·戴高乐在吃饭时稍微迟到，戴高乐便会以不让他吃开胃菜的方法进行惩罚教育。就算菲利浦已过中年，戴高乐也毫不留情。

戴高乐的女儿伊莉莎白具有母亲的优雅、朴素的特点，她与一位法国陆军军官结了婚。这两兄妹都实践了父母亲"顽强不屈、不依靠父母"的教诲。

3个儿女中最特殊的是安娜。1928年冬，戴高乐少校举家迁至特里尔第十九轻步兵营驻地时，第三个孩子即将出世。因兵营里流感正猖獗，爱兵如子的少校无法回家照顾怀孕的妻子。

在临产前几个星期，有一天伊枫娜独自上街时被汽车撞倒在冰雪中，虽然没受伤，却深受惊吓。足月临盆，她安全地生下了安娜。但医生告诉戴高乐，他们的女儿将会"智力迟钝，可能永远不能说话！"

这个晴天霹雳，给戴高乐的家庭带来了极大的痛苦。在以后的日子里，两夫妇尽一切努力设法恢复孩子的智力。伊枫娜曾说："只要安娜能跟别的女孩一样，我和夏尔甘愿舍弃一切，财产、升迁、健康、前程，所有的一切！"

可惜，所有的启蒙教育和治疗都毫无效果。

有人建议把这个残疾孩子送到收养所去，但夫妇俩都拒绝了。戴高乐解释说："安娜并非自己要求降生到人世间来的。我们要想尽办法使她过得幸福一些。"

于是，照料、保护，使安娜幸福的责任就一天比一天沉重地压在这一对本来就肩负重担的夫妇身上。平时，伊枫娜像呵护雏儿的母鸡似的围着安娜转，即使是陪同丈夫去外省视察或外国访问，她也从不放过任何一个参观慈善机构以便学习照料残疾儿童经验的机会。

戴高乐为了补偿给女儿的父爱，只要有机会和女儿在一起，他就抛开了全部尊严。他常和女儿手拉手绕着院子走，抚摸着她并悄悄地讲着她能理解的事。他常带着女儿跳小快步舞，为她表演小哑剧，唱民歌给她听。

为了保护安娜不受外界打扰，戴高乐不许好打听的人和新闻记者接触他的女儿。战时在英国期间，他甚至禁止在他乡间住宅拍照的新闻记者把他的孩子们拍进去。因为他知道安娜在场不在场都会引起议论和其他孩子的取笑。

有一次，小安娜不知为什么总是哭哭啼啼，不爱吃饭，也不愿睡觉，戴高乐想了很多办法哄女儿，可却怎么也哄不好安娜。于是戴高乐想，哄女儿的方法，恐怕安娜已经腻了。于是戴高乐绞尽脑汁地想，可是3天过去了，女儿的情绪还是没有好转。

戴高乐想既然哄不好她，那就分散她的注意力吧！于是他手舞足蹈地乱比画一气，谁知安娜竟看着戴高乐不哭了。戴高乐以为女儿的情绪好了，高兴极了，谁想他一放下手，小安娜又"哇

哇"大哭起来。

戴高乐仿佛又找到了小安娜的嗜好似的，立刻又充满激情地舞动起来，这次他不是乱舞，而是有情节、有表情，像是哑剧，看得小安娜发出"咯咯"的笑声。戴高乐也笑了，要知道让这样一个孩子发出一声幸福的笑声是多么不容易啊！

从此，只要戴高乐一有空就陪女儿听音乐，给女儿表演哑剧，甚至，他自己工作累了，也以给女儿表演哑剧来放松心情，因为他在享受一种叫"天伦之乐"的幸福。

戴高乐是唯一能使小安娜发笑的人，为了和女儿进行沟通，戴高乐在女儿很小的时候，就去聋哑学校学一些标准的手势，回来教给女儿，他要让女儿学会和别人进行沟通。他还经常带安娜出去玩耍，安娜玩起来很疯，不管自己多累，每次戴高乐都坚持到最后，一直到小安娜玩得疲倦了，伏在爸爸的怀里甜甜地睡着。

多少年如一日，戴高乐陪伴女儿的时候，从来没有急躁和厌烦过。即使在"二战"流亡期间，他也没忘记把女儿安娜带在自己身边。戴高乐一生节俭，却为安娜设立了专用的委托金，并以自己撰写回忆录的版权费作了抵押。

安娜在即将欢度20周岁生日的时候，不幸被肝炎夺去了生命。安葬仪式结束后，戴高乐夫妇含着热泪，站在女儿的墓前久久不愿离去，好像还有许多话要和孩子倾诉。天已经黑了，戴高乐才对妻子说："走吧！现在她已经和别人一样了。"

安娜去世后，戴高乐总统在痛苦中决定：将安娜生前住过的房子改建为"安娜·戴高乐基金会"办公处，决定继续帮助和女儿一样弱智的孩子。

小安娜是不幸的，她一生下来就是一个弱智的孩子，小安娜又是幸运的，她有一个戴高乐这样的父亲。尽管戴高乐是一个国家的总统，尽管他日理万机，正是这种责任与爱的双重作用，让他的一生焕发着人性的光辉。他说："要做好一个国家的总统，首先得做好一个孩子的父亲。"

神思飞扬的六大著作

戴高乐在他漫长的人生岁月里，用笔精心记录了各个时期思想的历程。他既不像丘吉尔那样口授，也不像专业作家们使用打字机。他拿自来水笔用黑墨水一笔一画地往下写。戴高乐在创作当中，他用目光搜索间历史的风云，神思飞扬处吐纳心灵的召唤。于是，他的6大著作就这样问世了。

1924年9月，戴高乐从高等军事学院毕业后，被分到驻美因茨的莱茵河地区军队参谋部第四局。这不是一个很有诱惑力的职位。可是，戴高乐利用这个职位，发表了第一本著作《敌人内部的倾轧》。

《敌人内部的倾轧》一书完全不同于历史的著作。首先，这本书是应当怎样领导战争的证明，是对政权同统帅部、国家同军队之间的关系的思考，也是对某种社会观、从而对戴高乐全部著作的阐述。这是其中最有意义的地方之一。

根据领导战争中最突出的事件，特别是"强化的宣战"，即殊死的潜水艇战争，戴高乐基本上证明，德国大参谋部在德皇身边的权威，军事领袖们在公共舆论中的民望得分，德国首相和大员退让的传统，凡此种种使人忘却了领导战争应属于政权的职权，即使政权应当采纳统帅部的意见，而领导军事行动应属于统帅部的职权。

　　戴高乐描绘了当时不可避免的复杂形势导致德国走向战争的最后危机。下结论说："强大而勇敢的一国人民突然陷入了崩溃，这就证明，违背了原则是要遭到惩罚的。"这个结论是意味深长和明确无误的。

　　戴高乐在《敌人内部的倾轧》中暗示，军队必须按照那种比政权应当设计得还要更加普遍的观念，来制订其行动计划和塑造其学说，而且含蓄地号召国家即政权在必要时进行干预，以便使军队根据国家利益观进行自我改造。

　　1932年，戴高乐晋升中校，调到最高国防委员会秘书处工作。这一年，他发表了《剑刃》一书。

　　《剑刃》一书比其他任何一部著作都更加显示出戴高乐个人关于人、领袖、权力、统帅部和行动的观念。这部著作收集了戴高乐从发表过的讲演出发，逐步加以明确和修改，并长期审阅和重写过的一些文章。该书以一个暗示军事文学著作的题目《剑刃》出版。

戴高乐的《剑刃》一书包含着一种关于人、行动、社会的哲学，在法国思想史上占有一席之地，而这种关于人、行动、社会的哲学发端于20世纪初，并表明它转向后来岁月所发生的大灾难。

1934年，在"二战"的前夕，戴高乐《未来的军队》在法国出版。这本书直接揭示了20世纪后期乃至今天机械化军队的发展趋势，甚至书中还包含了德国在"二战"将以横扫欧洲的"闪电战"战术的核心思想。书中强调说，机动性和攻击性的打击力量在下一次战争中将取胜，正像数量上占优势和防卫火力上优势在上次战争中取胜一样。

然而，该书在当时的法国并不受欢迎，就连戴高乐的老师和发现他才能的贝当元帅也把这本书斥之为"打趣话"。马克西姆·魏刚将军称之为"一种恶意的批评"。然而，事实证明，德国正是凭借"闪电战战术"，仅仅在一周之内就几乎灭亡了法国。这充分表明，戴高乐拥有伟人的远见卓识。

戴高乐在《未来的军队》中认为，由于技术革命，内燃机的发明，那种事先精心策划好的战略已经过时。他写道："机器掌握了我们的命运。"各种机器改变着生活的各个领域，战争也不能例外。在当时，只看到天气、地形、军队规模这些片面因素的军事家，是无法跟视野横跨政治、社会、科技、文化的戴高乐相比的。

1938年，戴高乐写成了《法国和她的军队》一书。这本书既是一部法国军事史著作，又是一部对法国领导人的评述。戴高乐在第二次世界大战中的经验，以及这场战争产生的直接后果使他产生的信念：一个成功的领导人必须与他统治的人民建立直接的联系；人民是领导权合法化的根基，也是国家力量的唯一来源。

　　所有这些看法汇总起来便构成一种被称为"戴高乐主义"的政治哲学。它无疑是一种极具效力的政治理念。但在现实世界之中，由于不断受到将军自己的奇思异想干扰，它无法良好地发挥实际的指导作用，有时甚至沦落到无人理会的地步。

　　戴高乐的《战争回忆录》，是从他本人和法国的角度，对

▲戴高乐晚年

第二次世界大战的回忆。这本书起于1940年，止于1946年，分为《召唤》、《统一》、《拯救》三卷。

　　第一卷《召唤》叙述时间从1940年起，到1942年年中止，戴高乐叙述了法国当局投降前后的一些情况和"自由法国"建立的经过，还以很多篇幅叙述了法国与英美的关系，特别是与英国的

关系。对于研究第二次世界大战前后欧洲形势特别是法国的情况，有不少参考价值。

第二卷《统一》叙述的历史时期从1942年7月纳粹德国的侵略气焰开始被阻遏，到1944年8月戴高乐跟随美英军队回到巴黎为止，这正是斯大林格勒战役后、希特勒节节败退终至灭亡的时期。

在这个时期，戴高乐一方面积极争取盟国对法兰西民族解放委员会的正式承认，一方面控制国内局势。本卷进一步突出地暴露了法国与英国，特别是法国与美国的矛盾。

第三卷《拯救》从1944年8月戴高乐回到巴黎写起，到1946年1月他被迫下台为止。这一时期正是希特勒德国从继续节节败退到无条件投降，美英法等国开始把注意力集中到国内问题上来，同时彼此之间的明争暗斗开始激化的时期。戴高乐从他自己和法国的角度出发，在本卷中主要描述了这方面的问题。

在《战争回忆录》中，戴高乐批判地审视整个历史的行动，经常思考当时他是否可以采取其他的方法，从而对过去的行动重新评估。此书不仅具有很高的史料价值，更是所有怀抱经世济民思想的有识之士必读之经典。

全书以第一人称撰写，文笔流畅、优美，行文中蕴涵浓烈的个人感情，感染力极强。

《希望回忆录》记述了戴高乐将军自1958年重掌法兰西政权

以来，为法兰西的复兴所作的种种努力。戴高乐预计写完三卷，但还未完成，就因心脏病去世，仅完成第一卷。

本书从经济、政治、国际关系、海外领地以及国家元首等多个角度，详细介绍了戴高乐执政期间的法国局势，深入地探究了法国当时所面临之困境的原因，深刻揭示了国家运行中各个方面的规律。

戴高乐是法兰西第五共和国的创建者、军人、作家和政治家。他一生中的著作，对后世产生了深远的影响。

影响深远的戴高乐主义

由戴高乐死讯何时宣布以及葬礼如何安排而引发的不甚得体的争论，在此后很多年里都未曾平息，甚至演化为一个更大的问题，那就是如何评价戴高乐的一生。

戴高乐逝世之后，他的家人希望让丧失亲人的悲痛成为个人隐私，法国公众却希望打破这道隐私之墙，了解更多的幕后情况，更充分地表达内心的伤感。

随着时间的流逝，现在的争论已转变了方向。亲人的那份悲痛早已湮灭，而法兰西及其朋友却需要把戴高乐置于历史之中进行考察。

一代又一代人当然都会做出自己的评价，但戴高乐的生平脉络已经非常清晰：可龙贝的这位主人是一位感情丰富、重视个人隐私的长者；法兰西的这位总统则是一位刚强无情、自命远大的政治家。

在有关戴高乐的所有评价之中，"戴高乐主义"无疑是个最有分量的概念。

戴高乐主义是20世纪50年代末至60年代末，法国总统戴高乐制定的法国独立自主外交政策的基本构想和指导原则。戴高乐主义就其本质而言可称为法兰西民族主义，它包括三方面思想：民族主义思想、集权主义思想和独立自主思想。

戴高乐主义以谋求法国在国际政治中的独立自主和世界大国地位为政治目标。它的具体实施有：

撤出北约军事一体化组织，改变法国在联盟中对美国的从属地位，维护民族独立；

建立法国独立的核威慑力量，打破美国的核垄断；

同苏联及其他社会主义国家建立"缓和、谅解、合作"的关系，在东西方关系中发挥作用，积极推动中法建交；

建立一个摆脱美苏控制，以法国为中心的，法德联合为支柱的，由欧洲主权国家联合起来的"大欧洲联合"；

实行非殖民化，在第三世界推行"积极存在"的政策，以求保持和增进法国在第三世界的利益和影响。

戴高乐提出了"欧洲人的欧洲"的概念，这是戴高乐主义维护民族独立和国家主权这种思想在欧洲观中的直接反映。一方面，戴高乐追求的是法国作为一个独立的民族国家要在世界上发挥伟大的作用，法兰西民族和国家在世界上应有大国的地位，它不能被封闭在一个超国家的欧洲联邦内。

另一方面，戴高乐担忧的是，如果放弃主权，欧洲国家不可避免地会导致从属于这个机构之外的国家。毫无疑问，他担心的是美国。

正是出于这种担心，戴高乐不仅坚决反对超国家的一体化，而且明确提出要建设一个"欧洲人的欧洲"这一概念。

就法美关系而言，在戴高乐眼里，英国是美国在欧洲的代言人，是想安插在欧洲共同体内的一个"钉子"，一匹"特洛伊木马"，他不能允许美国利用英国乘机插足欧洲。1963年和1967年，英国参加欧洲共同体的申请两次遭到法国的否决。

戴高乐主义中反对超国家的一体化的欧洲联邦，反对美国控制欧洲，主张欧洲人的欧洲，这种欧洲观中维

▲戴高乐的葬礼

护民族独立和国家主权的原则，其目的只有一个，就是要争取法国的大国地位。

在戴高乐的对外政策思想和实践中，置身于欧洲建设，是法国争取大国地位的重要一环。因为只有首先在欧洲站住脚跟，在欧洲树立起法国的领导形象，才能谈及大国地位。要想在欧洲起领导作用，既不能让美国插进来，也不能让英国插进来，只要牢牢制约德国，剩下的一些国家就好办了。

在同德国的关系上，按照戴高乐的最初设想，战败后的德国应当被肢解成若干个小国，使它永远不可能成为邻国新的威胁。但是，美英的战后战略安排以及随之而来的冷战格局，使他不得不接受从"舒曼计划"开始的将德国纳入一个联合机构中并加以控制的事实。

1958年戴高乐重新执政后，他从戴高乐主义的维护民族独立和国家主权、争取法国大国地位这个总战略目标出发，充分认识到欧洲问题的重要性，以及法德关系在欧洲问题中的重要性。

1963年1月22日，在戴高乐和阿登纳的几年努力下，法德两国在巴黎签订了《法德合作条约》。从此，人们所说的"法德轴心"形成。

在同苏联的关系上，戴高乐主义反对霸权，要求独立自主于美国的愿望。在戴高乐看来，苏联同美国一样都是霸权国家，认为这两个大国的实力、对立和争霸威胁着全世界。

在戴高乐主义的所有经典中，都没有改变苏联是"共产主义的集权专制国家"的看法，它的本质是扩张的，是西方"自由世界"的共同敌人这个看法。也正是因此，法国只能归属于西方阵营，它始终是这个联盟中的一员。

戴高乐从民族性这个角度去看美苏两霸，他认为维护民族独立和国家主权、反对霸权是国际关系的主流，因而断定霸权主义是行不通的，霸权主义会给世界也会给它自己带来危险，因此决不能向霸权屈服。

在戴高乐眼里，实现世界和平，避免战争的结果不能靠美苏两个大国来实现，如果仅由它们来主宰世界，只会给世界带来更大的危险。每个国家都应当发挥自己的作用，特别是法国，更应该发挥"积极的作用"。

戴高乐主张东西方"缓和与合作"，出访苏联和东欧国家，开始与苏联和东欧国家进行贸易和文化交流。1964年1月，法国不顾美国和它的大多数盟国只承认台湾国民党政府这一状况，宣布同中华人民共和国建立外交关系。

在法国宣布与中国建交的几天后，美国《时代》周刊一篇评论写道：

> 作为一个国家，整个20世纪，法国仿佛一步步地走向死亡。然而上个星期，一个不可能的事情发生了，法

国因此再次震动了世界，推动了历史的进程。为了再次崛起成为世界的强权，戴高乐不顾美国的反对，承认了北京共产党政权作为中国政府的代表，整个决定将严重地破坏美国的亚洲政策。

戴高乐在记者招待会上表示：

　　法国不得不考虑这样的事实，在亚洲，没有中国的参加，就不能办成任何大事。

戴高乐主义的实施对于维护法国的主权和独立，提高法国国际地位，推动欧洲联合和世界多极化发展有积极作用。

年　　谱

1890年11月22日，夏尔·戴高乐诞生于法国里尔市公主街9号一个世代笃信天主教的小贵族家庭。

1909年8月，考入圣西尔军事学院。

1916年3月25日，戴高乐指挥的步兵第三十三团第十连在杜澳蒙阵地几乎被敌全歼。戴高乐上尉被误传阵亡。追授一枚最高荣誉十字勋章，并在全军通令表彰。其实是伤后未死而被德军抓获。

1918年11月11日，战争结束后获释回国。

1922年11月，入军事学院深造进修。

1924年6月，军事学院毕业。被派往美因兹的莱茵区法军司令部供职。发表处女作《敌人内部的倾轧》。

1925年10月，调任最高军事委员会副主席办公室幕僚。

1927年，晋升为陆军少校，指挥第十九步轻兵营。

1929年～1931年，调往贝鲁特。在驻中东法国部队中供职。负责伊拉克、伊朗和埃及事务。

1932年，晋升中校。调最高国防委员会秘书处工作。发表

《剑刃》一书。

1934年，《未来的军队》一书出版。

1937年，晋升上校，任第五〇七坦克团团长。

1938年，《法国和她的军队》一书问世。

1939年9月1日，"二战"爆发，戴高乐晋升为临时性准将。

1940年6月5日，戴高乐在改组后的雷诺政府中任国防和陆军部副部长。10月27日，戴高乐在伦敦成立"法兰西帝国防务委员会"。

1941年9月24日，在伦敦成立"法兰西民族委员会"，任主席。

1944年7月6日，戴高乐赴美访问，受到罗斯福接待。

1944年8月26日，法国临时政府成立。9月9日，临时政府改组。戴高乐任总理兼国防部长。

1945年11月13日，制宪议会推选戴高乐为临时政府总理。

1947年4月14日，戴高乐宣布成立"法兰西人民联盟"。

1953年5月6日，戴高乐退出政坛，回可龙贝村隐居，着手写回忆录。

1954年10月，《战争回忆录》第一卷《召唤》出版。

1955年6月30日，宣布退出政坛。

1956年5月，《战争回忆录》第二卷《统一》出版。

1958年6月1日，法国国民议会授权戴高乐组阁，并委托其制

定新宪法。9月28日，第五共和国宣告成立，戴高乐首任总统。

1959年9月，《战争回忆录》第三卷《拯救》出版。

1964年1月27日，宣布承认中华人民共和国。

1965年12月19日，重新当选法国总统。

1968年5月，"五月风暴"爆发。

1968年6月23日~30日，戴高乐在议会选举中获胜。

1969年4月28日，戴高乐将军宣布引退，停止执行第五共和国总统职务，隐居可龙贝，开始撰写《回忆录》第四卷。

1970年10月，《希望回忆录》第一卷出版。

1970年11月9日，夏尔·戴高乐在可龙贝去世，享年80岁。

1971年3月，《希望回忆录》第二卷（前二章）出版。

本书主要参考资料

《戴高乐传》齐悦 米东华编著 中国社会出版社

《戴高乐将军全传》刘聪著 军事科学出版社

《戴高乐》时影编著 汕头大学出版社

《法兰西灵魂戴高乐》李军编著 中国戏剧出版社

《戴高乐》罗兰德编著 内蒙古人民出版社

《坚韧不拔戴高乐》解力夫著 世界知识出版社

《戴高乐》国枫 牧云著 中国少年儿童出版社

《戴高乐》林峰编写 延边大学出版社

《戴高乐》章正余等编著 京华出版社

《戴高乐》华夏书主编 哈尔滨出版社

《铁腕将军戴高乐》燔焕强主编 浦东电子出版社

《戴高乐》夏金华编著 哈尔滨出版社

《戴高乐》李新吾编著 辽海出版社

《戴高乐传:1890—1970》项焱编著 湖北辞书出版社

《法国的尊严——戴高乐》司砚编著 北京图书馆出版社

《戴高乐》陈乐民著 浙江人民出版社

《戴高乐》尹子云编著 国际文化出版公司

《戴高乐》木子鹏编著 中国国际广播出版社

《传奇人物戴高乐》周剑卿 张锡昌著 当代世界出版社

《戴高乐评传》周荣耀著 东方出版社

《戴高乐》周剑卿编著 商务印书馆